Liebe Leserinnen, liebe Leser!

Natürlich fährt man nach Rom, um sich auf die Spuren der Antike zu begeben, um das Zentrum des römischen Weltreichs, das Forum Romanum, zu bestaunen, um einmal im Kolosseum, dem größten geschlossenen Bauwerk der Antike, zu stehen oder um die Kapitolinischen Museen zu besuchen, die eine der beeindruckendsten Antikensammlungen der Welt beherbergen. Und selbstverständlich ist der Vatikanstaat mit der prächtigen Peterskirche und den Vatikanischen Museen nicht nur für Pilger ein guter Grund für die Romreise.

Moderne Architektur in der Ewigen Stadt

Barbara Schaefer und Frank Heuer, die diesen DuMont Bildatlas „Rom“ mit informativen und amüsanten Texten sowie faszinierenden Bildern ausgestattet haben, zeichnen aber auch ein ganz anderes Bild der Ewigen Stadt. Noch kaum entdeckt von Touristen ist der Norden Roms, und gerade dort hat sich in den letzten Jahren viel getan. Wer sich für moderne Architektur und/oder Kunst interessiert, muss sich in den Stadtteil Flaminio begeben; hier stehen auch der spektakulärste Neubau Roms, das von Zaha Hadid geschaffene MAXXI, das Nationalmuseum für die Kunst des 21. Jahrhunderts, sowie das von Renzo Piano entworfene Auditorium Parco della Musica.

Die neuen Szeneviertel

Und am Abend geht es dann nach Trastevere? Angeblich wohnen dort die „Romani de Roma“, die echten Römer. Als solchen darf man sich nur bezeichnen, wenn man seit mindestens sieben Generationen in der Ewigen Stadt ansässig ist. Lange Zeit galt Trastevere als typisch römisch, als das Ausgehviertel schlechthin. Schön und stimmungsvoll ist es dort am Abend noch immer, aber vielen Römern ist das Viertel schon lange zu touristisch. Sie haben Testaccio und San Lorenzo für sich entdeckt. Zum neuesten Szenetreff avancierte Pigneto, das einstige Arbeiterviertel an der Peripherie der Stadt. Die besten Adressen zum Essen und Ausgehen in Trastevere & Co. verrät Ihnen Barbara Schaefer auf S. 99 ff.
Herzlich

Ihre

Birgit Borowski
Programmleiterin DuMont Bildatlas

„Noch kaum entdeckt von Touristen ist der Norden Roms, und gerade dort hat sich in den letzten Jahren viel getan.“

Die Journalistin ***Barbara Schaefer*** *lebt in Berlin. Für Rom hegt sie schon seit Jahren eine besondere Vorliebe und hat zur Recherche für diesen Band gleich mehrere Monate in der Ewigen Stadt gelebt.*

Frank Heuer, *der Fotograf dieses Bandes, wird durch die namhafte Bildagentur laif vertreten. Er hat eine Vorliebe für große Städte. Für den DuMont Bildatlas fotografierte er bereits die Bände „Paris“, „New York“ und „Barcelona“.*

63 Kunst und Kirche bildeten jahrhundertelang eine fruchtbare Allianz. Erst in der Neuzeit riss der Faden. Das soll sich ändern.

87 Ein Herz und eine Krone: Mit der Vespa durch Rom, ganz wie einst im Film Gregory Peck mit Audrey Hepburn – wäre das nichts für Sie?

76 Die Südseite der Piazza del Popolo gleicht nicht zufällig einer pompösen Theaterkulisse: Wer früher von Norden in die Stadt kam, sollte hier ein stimmiges Entree finden.

Impressionen

8 Rom, Blicke: Ansichten einer Stadt, die man schon zu kennen glaubt, bevor man überhaupt dort war. Und die man immer besser kennenlernen möchte, je mehr man von ihr weiß.

Centro Storico

22 **Altstadt im Tiberbogen**
Im historischen Zentrum mischt sich weltstädtisches Gebaren mit dörflichen Gebräuchen.

DUMONT THEMA
34 **Alta Moda auf High Heels**
Natürlich bietet Rom Boutiquen und Flagshipstores aller großen Designer. Doch junge Modemacher sind hinzugekommen, entwerfen Streetwear für eine internationale junge Käuferschicht.

38 **Cityplan**
39 **Infos & Empfehlungen**

Das antike Rom

42 **Rom, offene Stadt**
Das antike Rom war eine Weltstadt. Heute begegnet einem hier auf Schritt und Tritt „der aufgewühlte Schutt aus dem ausgegossenen Aschenkrug der Zeit" (Jean Paul).

DUMONT THEMA
52 **Animella, die zarteste Versuchung aus dem Schlachthaus**
Die römische Küche ist bis heute im Wesentlichen eine „cucina povera", eine Armeleuteküche geblieben.

54 **Cityplan**
55 **Infos & Empfehlungen**

UNSERE FAVORITEN

Die besten ...

20 **Die schönsten Orte zum Entspannen**
Rom macht Spaß – aber die Besichtigung strengt an. Zwischendurch muss man auch einfach mal Durchatmen – hier finden Sie die besten Plätze zum Entspannen.

66 **Unsere Lieblings-Eisdielen**
Exotische Sorten sind out, Klassiker wie Erdbeer und Schokolade gehen immer. Dennoch reichen Roms Eisdielen auch abenteuerliche Geschmacksrichtungen über die Theke.

114 **Die interessantesten Unterkünfte**
Wie man sich bettet, so liegt man. In Rom ist das Angebot goß, Orientierung tut not. Wer das Besondere sucht, sollte sich das hier mal ansehen.

34 Modisches Rom: Rot, rot, rot sind alle meine Kleider ...

Süden und Meer

102 **Ein Tag am Meer**
Im Süden der Stadt lockt „das Strandbad der Römer“.

110 **Cityplan, Straßenkarte**
111 **Infos & Empfehlungen**

Anhang

116 **Service – Daten und Fakten**
121 **Register, Impressum**
122 **Lieferbare Ausgaben**

Vatikan

58 **Wie im Himmel, so auf Erden**
Der Staat der Vatikanstadt, Stato della Città del Vaticano, ist mit nur 0,44 Quadratkilometern Fläche der kleinste Staat der Welt. Gezahlt wird in Euro – obwohl der Vatikan kein EU-Mitglied ist.

68 **Cityplan**
69 **Infos & Empfehlungen**

Im Osten und im Norden

72 **Verblasste Mythen und moderne Kunst**
Im Osten geht die Sonne auf – hier kommen auch die Zugreisenden an. Im Norden bleiben die Römer meist weitgehend unter sich.

DUMONT THEMA
80 **„Die ganze Welt in einem Zimmer“**
Gerade Italiener sollten wissen, wie es sich anfühlt, die Heimat zu verlassen.

84 **Cityplan**
85 **Infos & Empfehlungen**

Szeneviertel

88 **Die Karawane zieht weiter**
Wenn ein Viertel vereinnahmt wird, sucht sich die Szene ein neues Feld.

DUMONT THEMA
96 **Alle Wege führen nach Rom**
Aber auf Roms Straßen geht nichts voran: Die Stadt erstickt im Verkehr.

98 **Cityplan**
99 **Infos & Empfehlungen**

DuMont Aktiv

Genießen Erleben Erfahren

41 **Ja, wo laufen sie denn?**
Jogging in Rom ist ein wahres Vergnügen.

57 **Coole Touren zur Kultur**
Individuelle Stadtführungen schärfen den Sinn fürs Detail.

71 **Mit dem Segway durch Rom**
Am Anfang ist es für den Anfänger noch etwas wacklig – aber dann macht es schnell Spaß!

87 **Stadtführung per Vespa**
Ganz wie anno dazumal über Kopfsteinpflaster und durch enge Gassen durch die Ewige Stadt.

101 **Die Kunst des Kochens**
Rom ist genau der richtige Ort, die Kunst des Kochens (und des Genießens) zu lernen.

113 **Ausflug zur Sommerresidenz ...**
... Gandolfo: Wo der Papst Urlaub macht.

Maßstab 1:23.000
0
300m
OLIMPICO
FLAMINIO
PARIOLI
DELLA VITTORIA
Monte Mario
Fiume Tevere
PINCIANO
Bioparco
Villa Borghese
SALARIO
Monti Parioli
Monte Pincio
Galoppatoio
Castel Sant'Angelo
CITTÀ DEL VATICANO
S.Pietro
Stazione Roma Termini
M. Quirinale
M. Viminale
M. Esquilino
Colle Oppio
M. Capitolino
Foro Romano
M. Palatino
Circo Massimo
M. Celio
Celimontana
Terme di Caracalla
M. Aventino
M. Gianicolo
TRASTEVERE
Isola Tiberina
Pantheon
Colosseo
1
2
3
4
5
6
7
8
9
10
11
12
13
14

Topziele

Die bedeutendsten Sehenswürdigkeiten Roms sowie Erlebnisse, die Sie keinesfalls versäumen dürfen, haben wir auf dieser Seite für Sie zusammengestellt. Auf den Infoseiten ist das jeweilige Highlight als **TOPZIEL** *gekennzeichnet.*

KULTUR

❶ **Pantheon:** „La Rotonda" wird dieser größte Kuppelbau der Antike auch genannt. **Seite 39**

❷ **Spanische Treppe:** „Spanisch" ist an der Treppe eigentlich nichts. Aber schön ist sie doch! **Seite 40**

❸ **Forum Romanum:** Hier befand sich einst das geistige und weltliche Zentrum des antiken Rom. **Seite 55**

❹ **Colosseo:** Gladiatoren, Löwen – Sie wissen schon. Und Caesar mit dem Daumen. **Seite 55**

❺ **Campidoglio:** Der kleinste der sieben Hügel Roms ist – als Sehenswürdigkeit – ganz groß. **Seite 56**

❻ **Piazza San Pietro:** Der Platz der Plätze: Hingehen, anschauen, staunen. **Seite 69**

❼ **San Pietro in Vaticano:** Die berühmteste Kirche der Christenheit. **Seite 69**

❽ **Musei Vaticani:** Ein Tag würde nicht ausreichen, um all die Herrlichkeiten der vatikanischen Sammlungen zu bestaunen. **Seite 70**

❾ **Engelsburg:** Kaiserliches Mausoleum und päpstliche Fluchtburg vor schöner (Engels-)Brücke. **Seite 70**

❿ **Museo e Galleria Borghese:** Nicht nur die Sammlung des kunstsinnigen Kardinals ist schön – auch der Park. **Seite 86**

⓫ **Fontana di Trevi:** Barocke Brunnenpracht und „die Sache mit der Münze". **Seite 86**

⓬ **Ostia Antica:** Beinahe so schön wie Pompeji, nur viel weniger bekannt. **Seite 113**

ERLEBEN

⓭ **Piazza Navona:** Das schönste öffentliche „Wohnzimmer" der Stadt ist eine Bühne des Lebens. **Seite 39**

⓮ **Lido di Ostia:** Ein Tag am Meer, im „Strandbad der Römer" – was will man mehr? **Seite 113**

FURLA
TEA ROOMS

Mit allen Sinnen erleben

Es gibt einige Orte auf der Welt, die sollte man einmal im Leben mit eigenen Augen gesehen haben: Rom gehört unbedingt dazu. Hier sieht man die Piazza di Spagna mit Berninis Fontana della Barcaccia im Vordergrund. Vom Platz führen mehr als 130 Stufen hinauf zur Kirche Santissima Trinità dei Monti, nach der die „Scalinata della Trinità dei Monti" offiziell benannt ist. Bekannter ist sie allerdings als „Spanische Treppe".

€11 95 AL KG
50g
PARMIGIANI

Liebe ist …

… eine Himmelsmacht, und durch den Magen geht sie außerdem. Das gilt auch für die Liebe zu Rom – jene Zeiten, da es uns gefiel, als hungrige Wölfe durch die Straßen zu ziehen, sind eben auch schon eine Weile vorbei. Heute machen wir uns lieber gestärkt durch die *cucina romana* auf den Weg; durch die römische Küche, die einfach ist und gut: einfach gut. Auf die Qualität der hier im Alimentari Ruggeri, einem Feinkostgeschäft an der Via della Pace präsentierten Zutaten kommt es dabei ganz entscheidend an.

Mittendrin statt nur dabei

Auch jenseits des Tibers, in Trastevere, findet das römische Leben vorzugsweise im öffentlichen Raum statt. Und so gibt es auch nichts Stimmungsvolleres, als dort einzukehren, sich einen Teller Nudeln und ein Glas Wein zu bestellen und dabei die Straße immer im Blick zu haben, auf der sich das Leben wie auf einer offenen Bühne entfaltet.

NICKNOWEG
AFÈ
Wi Fi
ZONE
BANCOMAT
tutte le sere!

RAPIDITÀ

Moderne Zeiten

„Museo Nazionale delle Arti del XXI Secolo" (MAXXI) heißt dieses der Kunst des 21. Jahrhunderts gewidmete Museum. Auf 21 200 Quadratmetern schuf Zaha Hadid eine Antithese zum klassischen Musentempel – einen modernen, lichten Bau, in dem Kreuzungen, Rampen und Treppen der Architektur Dynamik verleihen.

Immer unterwegs

Der römische Verkehr? Ein Kapitel für sich! Nicht jedem ist es gegeben, sich in das offenbar allgemeingültige System geflissentlich übersehener Regeln bei gleichzeitiger Konzentration auf den jeweils Nächsten einzufügen. Aber mit der Vespa durch Rom zu brausen, macht trotzdem Spaß. Und für ängstlichere Naturen werden auch geführte Vespatouren angeboten.

Vespa

Stadt, Land, Fluss

„Die Seele unserer Stadt ist flüssig: schäumend läuft sie den Fluss entlang, der sie durchquert ...“, schreibt der römische Schriftsteller Marco Lodoli in seinen „Inseln in Rom“ betitelten Streifzügen durch die Ewige Stadt. Dort wo der Fluss um die Kurve fließt, am „Tiberknie“, wurde Rom einst gegründet. An seinem Ufer entlang kann man bis zur Ponte Fabrizio spazieren, einer der ältesten Brücken der Stadt.

Die schönsten Orte zum Entspannen

Grüne Oasen in der Stadt

Rom ist schön und groß, aber auch ganz schön anstrengend zu besichtigen. Irgendwann reicht die Pause im Straßencafé nicht mehr aus, man will Grün sehen. Glücklicherweise gibt es in Rom auch das: grüne Inseln zum Durchatmen. Und einige dieser urbanen Oasen bieten zudem noch herrliche Panoramablicke.

1 Villa Borghese

Oberhalb der Piazza del Popolo beginnt die Villa Borghese: eine öffentliche Parkanlage, die wie oft in Rom erstmal nicht für den Plebs gedacht war. So blieb der üppige Park bis zum Ende des 19. Jahrhunderts im Privatbesitz des Fürstengeschlechts der Borghese. Wie ebenfalls oft in Rom, ist „Villa" hier gleichbedeutend mit Park. Um hinzukommen, steigt man bergauf, da freut man sich um so mehr auf eines der Ruhebänkchen im Schatten. Mit schönem Blick auf den Petersdom.

Tram: 3, 19; Metro: A (Spagna, Flaminio); Bus: 52, 53, 217, 910

2 Villa Ada

Die Villa Ada war ursprünglich die Privatresidenz des Königs Vittorio Emanuele III; in den Parkanlagen jagte die Königsfamilie. Und: Hier wurde im Jahr 1943 Mussolini verhaftet. Der im Norden der Stadt außerhalb der Aurelianischen Mauern an der Via Salaria gelegene Park ist – nach dem Park der Villa Doria Pamphili – der zweitgrößte Roms und prunkt zudem mit dem größten Pflanzen- und Tierbestand der Stadt. Zu Zypressen, Pinien und Zwergpalmen gesellen sich auch noch eine Rollschuhbahn und ein Fitness-Parcours.

Bus: 53, 63, 68, 86, 92 310

3 Villa Doria Pamphili

Mit mehr als 9 km² Fläche ist der westlich vom Gianicolo an der Via Aurelia Antica gelegene Park der Villa Doria Pamphili die größte Anlage ihrer Art in Rom. Angelegt wurde diese im 17. Jahrhundert, ihr Name bezieht sich auf die Villa, die der Papstfamilie Pamphili als Residenz diente. Hier sieht man frühmorgens viele Jogger. An der Via Aurelia Antica steht auf einer Terrasse das Casino dei Quattro Venti – die mit beachtlichen Standbildern und Reliefs geschmückte „Villa der vier Winde".

Bus: 31, 33,180, 710, 791, 870, 984

4 Gianicolo

Nicht jeder Hügel in Rom gehört zu den klassischen Sieben. So einer ist der Gianicolo, der sich von Trastevere entlang des Tibers bis zur Vatikanstadt erstreckt. Punkt 12.00 Uhr kündigt ein Schuss aus einer erbeuteten österreichischen Kanone den Römern die Mittagszeit an – auch ein Signal für frisch Verliebte, die hier gern in der Mittagspause schmusen wollen. Für das grandiose Rompanorama, das sich vom Gianicolo bietet, haben sie dann allerdings meist keinen Blick …

Bus: 23, 34, 46, 46b, 64, 98, e 116, 870, 881, 982, e 916, 280

5 Via Appia Antica

Für die einen eine pinienbestandene historische Straße, für die anderen das längste Museum der Welt – und sonntags weitgehend autofrei. Im Jahr 312 v. Chr. angelegt, ist die Via Appia Antica ein weiterer Beweis dafür, dass alle Straßen nach Rom führen, aber viele eben auch hinaus. Kulturgenuss vereint sich hier mit Schatten und Ruhe und viel Grün. Bis heute ist es hier so idyllisch wie zu Goethes Zeiten – von Tischbein festgehalten, der den Dichterfürsten hingegossen auf einem Marmorblock verewigte.

Metro: A bis Colli Albani, von dort Bus zur Via Appia Antica; Bus: 118, 218, 660, Archeobus von Stazione Termini

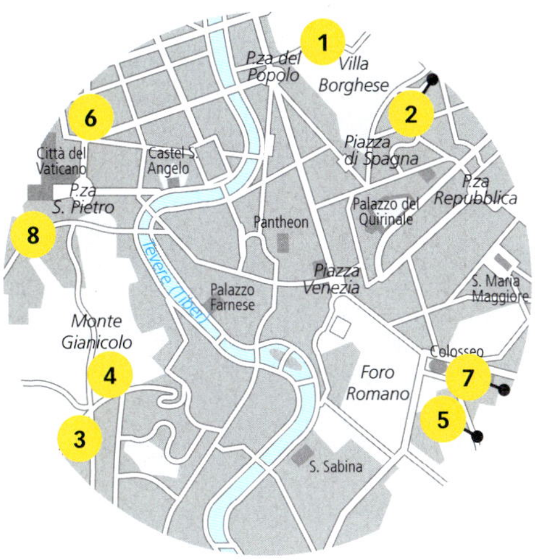

6 Parco del Pineto

Der Park liegt nördlich des Vatikans an der Via della Pineta Sacchetti im Valle dell' Inferno, also im „Tal der Hölle". Diesen wenig einladenden Namen verdankt das Tal der einst aus den Backstein- und Kalköfen der ehemaligen vatikanischen Dombaufabrik aufsteigenden Hitze. Im Park zu sehen gibt es außer einem schönen Pinienwäldchen *(Pineto)* die sich zu allen Jahreszeiten faszinierend über die Dächer der Stadt erhebende Kuppel der Peterskirche. Ebenfalls im Park befinden sich die Reste eines Aquädukts aus dem Jahr 109, welches Wasser vom Lago di Bracciano nach Rom brachte. Es versorgt bis heute einige der römischen Brunnen, die es in den verschiedensten Ausführungen gibt – die einfachste besteht nur aus einem gebogenen Ausflussrohr und einem kleinen Auffangbecken darunter und wird von den Römern „Nasoni" („Großnasen") genannt, wegen der gebogenen Form des Ausflussrohrs.

Bus: 49, 446, 994

7 Parco di Centocelle

Was den Berlinern ihr Tempelhofer Feld, ist den Römern der Parco di Centocelle. Jedenfalls jenen Römern, die im Osten der Stadt wohnen. Ende 2006 wurde der an der Via Casilina gelegene Park der Bevölkerung zugänglich gemacht. Hier befand sich der erste Flughafen Roms und Italiens, Anfang des 20. Jahrhunderts errichtet. Von hier startete einer der Gebrüder Wright im Jahr 1909 zu Schauflügen mit dem sogenannten Flyer; danach richtete Wright hier die erste Flugschule Italiens ein.

Metro: C (Parco di Centocelle)

8 Friedhöfe

Man muss keine morbide Ader haben, um Roms Friedhöfe zu schätzen. Allein die alten Bäume und die Abwesenheit von Straßenverkehr machen sie zu einem Kleinod. Sei es der Cimitero Acattolico an der Via Caio Cestio oder der große Cimitero del Verano (Abb. oben) am Piazzale del Verano. Dort, im Viertel Tiburtino, wurden Filmgrößen begraben wie Luchino Visconti, Vittorio De Sica und Sergio Leone, aber auch der italienische Freiheitskämpfer Garibaldi. Auf dem Campo Santo Teutonico (Vatikanstadt) liegen viele deutsche Pilger sowie seit 2015 auch ein belgischer Obdachloser. Letzterer hatte zuvor in den Straßen rund um den Vatikan gelebt, war vielen Priestern unter dem Namen „Willy" bekannt und von den Geistlichen häufig mit Lebensmitteln versorgt worden war. Seine Bestattung wurde zwar nicht, wie es zuerst geheißen hatte, vom Papst persönlich initiiert – sie war aber wohl durchaus im Sinne von Franziskus, der nach seiner Wahl zum Papst i(2013) gesagt hatte, er wolle „eine arme Kirche für die Armen" schaffen.

Altstadt im Tiberbogen

Im historischen Zentrum mischt sich weltstädtisches Gebaren mit dörflichen Gebräuchen. Besucher aus aller Welt flanieren über die Piazza Navona, während in den Gassen ein Scherenschleifer seine Dienste anpreist und auf dem Campo de' Fiori Römerinnen Auberginen fürs Abendessen einkaufen.

Piazza Navona: Der ovale Grundriss des Platzes erinnert daran, dass sich hier einst ein antikes Stadion befand.

Blick aus dem Hotel Raphael auf den Largo Febo – einen kleinen Platz unweit der Piazza Navona, auf dem man vorzüglich speisen kann.

Am Vierströmebrunnen *(Fontana dei Quattro Fiumi)* auf der Piazza Navona: So stellte sich Bernini also den – symbolisch für einen der vier damals bekannten Kontinente stehenden – Ganges vor.

Wer dem Trubel auf der Piazza Navona entfliehen will, muss nur ein paar Gassen weitergehen.

„Ich sah, wo Roms Straßen ausfallen, den triumphalen Himmel in die Stadt einziehen, der sich unter kein Tor bückte und über die sieben Hügel verbreitete ..."

Ingeborg Bachmann

Rom – Caput Mundi, Hauptstadt der Welt? Rom ist ein Dorf. *Arrotino, arrotino*, ruft eine heisere Stimme, ein Fahrrad holpert übers Kopfsteinpflaster. Der Messerschleifer bietet seine Dienste an, eine römische Hausfrau reißt ein Fenster auf und ruft in die Gasse, sie komme gleich herunter. Hauptstadt der Welt?

In der Via Panico werkeln Marmorschleifer und Möbelrestauratoren in garagengroßen Ladenlokalen. In den verwinkelten Gassen im Tiberknie kann man sich treiben lassen.

Unvermittelt steht man vor einer Kirche, die andernorts eine Hauptsehenswürdigkeit wäre. Hier aber hat sie zwischen ein paar Gassen ein Plätzchen gefunden: Santa Maria della Pace, eine kleine Kirche mit großer Kunst. Raffaels von Engeln flankierte Sibyllen tanzen in einer Seitenkapelle, ein Fresko voll lebhafter Figuren, alles ist Bewegung, Licht und Farbe.

Piazza Navona: Der Salon der Stadt

Die fast zehn Millionen Touristen, die Jahr für Jahr die Ewige Stadt besuchen, scheinen Welten entfernt zu sein. Sogar hier, mitten im historischen Zentrum, zeigt Rom das Gesicht einer Stadt, in der Römer leben und nicht nur Touristen flanieren. Doch nur zwei Gassen weiter öffnet sich das mittelalterliche Häusergewimmel, und da ist er auch schon, der Salon der Stadt, die Piazza Navona. In blendendem Weiß baut sich der Palazzo Pamphili auf, daneben nicht minder strahlend Sant Agnese. Aber die Augen werden abgelenkt durch Kleinkunst: Zwischen den in der Bewegung erstarrten Steinfiguren der drei barocken Brunnen wimmelt ein wahrer Zirkus an Malern, Jongleuren, Puppenspielern und athletischen Breakdancern, mit Dreadlocks und Piercings – *ragazzi di vita*, moderne Kinder der Vorstädte, wie einst Pasolini sie beschrieb.

„Erstaunlich, dass es nicht zu Duellen kommt"

Natürlich sind an der Piazza Navona die Getränke zu teuer. So kostet das kleine Bier sechs Euro, auf der Rechnung werden daraus sieben, inklusive eines Fantasiezuschlags. Soll man sich ärgern? Aber nicht doch. Im Preis inbegriffen ist das Straßentheater. Kellner sind die Fischer der Piazza, sie gehen auf Menschenfang, versuchen die Gäste davon zu überzeugen, dass an ihren Tischen die Pasta besser, der Fisch frischer und überhaupt alles schöner sei als zwei Meter weiter. Erstaunlich, dass es nicht zu Duellen kommt. Die Flaneure studieren die Speisekarten, winden sich verlegen, weil sie sich beobachtet und genötigt fühlen. Sie signali-

Alle Wege führen nach Rom – und die Via dei Condotti führt schnurstracks zur Spanischen Treppe.

Straßenszene auf der Piazza di Spagna.

Blick von der Kirche SS. Trinità dei Monti auf die Kirche Santi Ambrogio e Carlo.

Sommer, Sonne, Stadt: Wohlleben *à la romana* an der Piazza di Spagna

sieren Abstand, eine Schulter ist beiseite gedreht, die Füße zeigen weg vom Lokal. Nun muss der Kellner seinen Auftritt gut inszenieren. Ist er zu aufdringlich, verscheucht er die Hungrigen. Bleibt er indifferent, lockt er auch niemanden zu sich. „Wir haben gerade noch einen schönen Tisch frei", sagt der Kellner dann etwa. Oder: „Prosecco gibt es gratis als Aperitif". Dann knicken die Touristen entweder ein – oder gehen doch weiter.

„Nachher gibt es ein schönes Feuerwerk"

Am Tiberbogen staut sich die Menschenmenge. Die Fußgängerbrücke Sant' Angelo ist gesperrt. Wurde sie etwa verkauft? Um Geld ins Staatssäckel zu bringen, sollen nämlich „nationale Güter" veräußert werden, Strände, Paläste. Warum nicht auch Brücken? Oder gleich die Dolomiten? Unmut macht sich breit, doch an der Brücke erklären Hostessen, dass es sich um einen Empfang der Stadt für Ehrengäste handle, nur deshalb sei die Brücke für Bürger gesperrt – „aber nachher gibt es ein schönes Feuerwerk vor der Engelsburg".

Pasquino: Facebook *alla romana*

Panem et circenses? Brot und Spiele für das Volk, auf dass es sich beruhige? Der Schein werde immer wichtiger als das Sein, sagen kritische Römer. Aber immer dann, wenn es einer der Stadt-Oberen oder auch einer der überregional aktiven Politiker übertreibt, kocht die Volksseele. Lautstark werden politische Entwicklungen – oder Verfehlungen – diskutiert. Natürlich schon morgens in der Bar. Da regt sich beim Espresso eine ältere Dame auf, der Herr im Anzug daneben pflichtet ihr bei, und kurze Zeit später mehren sich die Post-Its bei Pasquino. Die antike Säule steht unweit der Piazza Navona, und seit rund fünfhundert Jahren schreiben die Römer anonym auf Zettel, was ihnen nicht passt. Wer wissen will, was den Unmut der Römer erregt, muss nur die Zettel bei Pasquino lesen.

Der Schein werde immer wichtiger als das Sein, sagen kritische Römer.

Von den Erregungen der Volksseele gänzlich unbeeindruckt scheinen allerdings jene Angehörigen der römischen

Abendstimmung am Campo de' Fiori: Im Hintergrund erhebt sich die Kuppel der Kirche Sant'Andrea della Valle, im Vordergrund haben die jungen Wilden der Stadt dafür überhaupt keinen Blick – freuen sich aber auch so des Lebens.

Markt auf dem Campo de' Fiori: Mag ja sein, dass es auf dem „Blumenfeld" *(Campo de' Fiori)* inzwischen reichlich touristisch zugeht – es kaufen aber doch auch noch viele Römer hier ein.

Man(n) kann den Einkaufsbummel natürlich auch für ein Schwätzchen nutzen.

Special

Deutsche in Rom

Goethe, Warhol und der Papst

„Der Warhol ist echt. Sieht er nicht aus, als wäre er extra für diese Wand gemalt?" Dorothee Hock, die stellvertretende Leiterin des Goethe-Hauses, freut sich, wenn Besucher staunend Warhols Adaption des berühmten Gemäldes von Johann Heinrich Wilhelm Tischbein, „Goethe in der Campagna di Roma", betrachten.

Geheimrat goes Pop: Goethe à la Warhol

Erst Papst Benedikt XVI. hat Goethe den Rang des berühmtesten Deutschen in Rom abspenstig gemacht. 1786 war der Dichterfürst aus Weimar ins Land der blühenden Zitronen geflohen, wo er ab Oktober im ersten Stock des unweit der Piazza del Popolo gelegenen Hauses wohnte, in dem sich heute das ihm gewidmete Museum befindet. Rund 10 000 Deutsche leben derzeit in Rom. Für die meisten ist das ein Glück, für manche auch eine Ehre – etwa für die Stipendiaten der Villa Massimo, der Deutschen Akademie in Rom. Dort leben und arbeiten auf Einladung der Bundesregierung jeweils zehn deutsche Künstler ein Jahr lang. Einen fiktiven Einblick in das Leben der Stipendiaten gibt der Roman „Rom, Villa Massimo", dessen Autor Hanns-Josef Ortheil auch als Gesprächspartner in Sara Morettis Interviewband „Rom auf Zeit: Villa Massimo-Stipendiaten im Gespräch" auftaucht – neben Friedrich Christian Delius, Julia Franck, Judith Kuckart, Michael Krüger, Marion Poschmann, Kathrin Schmidt und dem gegenwärtigen Direktor der Villa Massimo in Rom, Joachim Blüher.

Unterwelt zu sein, die im Sommer 2015 einem der Ihren, dem Clanchef Vittorio Casamonica, ein pompöses Begräbnis ausrichteten: Sechs schwarze Rösser zogen eine goldverzierte Kutsche, aus einem Hubschrauber fielen Rosenblätter zu Boden, und als wolle man der hollywoodreifen Inszenierung so noch die Krone aufsetzen, spielte man zur Begleitung des Trauerzugs die Filmmusik des Mafia-Kultfilms „Der Pate".

Campo de' Fiori: Erst ab zehn Uhr nachts kommen die jungen Wilden

Ganz den Touristen gehört inzwischen der Campo de' Fiori, könnte man manchmal meinen. Aber der Markt floriert im Schichtbetrieb. Morgens kaufen die Nachbarn Gemüse und Obst für den Tag, gegen zehn Uhr kommen die Besucher der Stadt, die in ihren Reiseführern darüber gelesen haben. Jetzt werden Stände mit bunten Nudeln und winzigen Olivenölfläschchen aufgebaut, deren Inhalt in römischen Haushalten nicht einmal für einen Salat reichen würde. *I can fly in your handluggage*, steht daneben. Das freut einen doch. Verlockend sind die Walderdbeeren. Ob man die waschen muss? „Dann müsste ich schon lange tot sein", antwortet die Marktverkäuferin. Schließlich esse sie das jeden Tag. Neben ihr preist ein marokkanischer Markt-

Wo die ganze Stadt (auch) ein Museum ist, kann man (auch) mal ins Museum gehen: in das Museo Giorgio de Chirico (oben links), das zum Museum umgebaute ehemalige Wohnhaus und Atelier des surrealistischen Malers, ebenso wie in die Galleria Nazionale d'Arte Moderna (rechte Seite oben). Diese und rechte Seite unten: An den ersten „Kaiser" Augustus erinnert die ihm gewidmete Ara Pacis Augustae, der von einem Glasbau des Architektenbüros Richard Meier & Partners geschützte, mit meisterlichen Reliefs aus Carrara-Marmor geschmückte Friedensaltar.

schreier einen Gurkenhobel an, der zehn Euro kosten soll, aber auch wirklich „Made in Italy" und nicht aus China sei. Glaube versetzt Berge, manchmal auch Gurkenhobel. Abends läuft der Schichtbetrieb auf dem Campo de' Fiori dann anders herum: Erst ab zehn Uhr nachts kommen die Einheimischen, die jungen Wilden. Ein Glas Wein kostet vier Euro, ohne jeden Fantasie-Aufschlag.

Zu unrecht auf dem Scheiterhaufen

Düster blickt Giordano Bruno auf den Platz. Vor rund vierhundert Jahren, am 17. Februar 1600, wurde der Freidenker hier von den Schergen der Inquisition bei lebendigem Leibe verbrannt. 1887 enthüllte man dann an gleicher Stelle sein Denkmal – ein Skandal, ein Affront gegenüber dem Papst, der ohnehin schmol-

„Romani de Roma" dürfen sich nur jene Römer nennen, die seit mindestens sieben Generationen hier leben.

lend im Vatikan hockte, seit das Vereinigte Italien ihm seine weltliche Macht genommen hatte. Der Papst drohte mit Auswanderung, verlangte, die Stadt Rom müsse das Denkmal stürzen, eine Kirche errichten. Erst im Jahr 2000 konnte sich die katholische Kirche das Eingeständnis abringen, Giordano Bruno sei zu Unrecht in den Flammen des Scheiterhaufens gestorben. Manchmal dauert es eben ein bisschen ...

Das ehemalige Getto: Jüdisches Leben in Rom

Vor der koscheren Bäckerei stehen Jungs mit der Kippa auf dem Kopf. Jüdische Frauen plaudern mit Nachbarinnen auf den Bänken in der Via Portico d'Ottavio. Friedliche Szenen der „Romani de Roma", wie sich nur diejenigen Römer nennen dürfen, die mindestens seit sieben Generationen in Rom leben. Für die jüdische

Zum Pantheon gehört eine große Vorhalle mit 16 Granitsäulen.

Im einzigen vollständig erhaltenen Kuppelbau der Antike sind Grundrissdurchmesser (43,2 m) und Scheitelhöhe der Kuppel identisch dimensioniert.

Der Schildkrötenbrunnen auf der im ehemaligen jüdischen Getto gelegenen Piazza Mattei entstand in der zweiten Hälfte des 16. Jahrhunderts nach Entwürfen von Giacomo della Porta.

Piazza della Rotonda: Auf den im Jahr 1578 ebenfalls von Giacomo della Porta entworfenen Brunnen stellte man 1771 einen Obelisken, der in einem nahen Isis-Heiligtum gefunden worden war.

„Rom ist ein Karussell von Erinnerungen, wirklichen Ereignissen und Träumen ...“

Federico Fellini

Gemeinde ist das ein Klacks. Bereits unter Augustus (63 v.Chr. bis 14 n.Chr.), dem ersten römischen Kaiser, lebten rund 10 000 Juden in Rom. Erst unter christlichen Regierungen erging es den römischen Juden schlecht. 1555 wurden sie unter Papst Paul V. gezwungen, in ein als besonders ungesund geltendes Gebiet am Tiberufer, unterhalb des Monte Capitolino, zu übersiedeln. Nur tagsüber durften sie das von einer Mauer umgebene Getto verlassen. Erst im Jahr 1870, als der Papst seine weltliche Macht über Rom einbüßte, wurden die Mauern des Gettos wieder eingerissen. Unter Mussolini wurden die Juden verfolgt, nach dem Sturz des Diktators im Juli 1943 stürmten am 16. Oktober desselben Jahres deutsche Soldaten das jüdische Viertel von Rom. Bewaffnete SS-Angehörige deportierten mehr als tausend Einwohner nach Auschwitz, nur 15 kehrten zurück. Die einzige überlebende Frau, Settimia Spizzichino, die von Joseph Mengele für seine Menschenversuche missbraucht worden war, klagte später Papst Pius XII. an, er habe es unterlassen, auch nur ein einziges Kind zu retten. Dabei fand die Deportation quasi „unter seinen eigenen Fenstern“ (so die US-amerikanische Historikerin Susan Zuccotti) statt. Signora Spizzichino starb im August 2000. Heute leben etwa 14 000 Juden in Rom, jüdische Ehen werden in der Synagoge geschlossen, „gemischte Paare“ heiraten „auf dem Campidoglio“, im Standesamt.

FASHION

Alta Moda auf High Heels

Rom, das versteht sich von selbst, bietet Boutiquen und Flagshipstores aller großen Designer. Aber nicht nur das: Neue Modemacher sind hinzugekommen und entwerfen Streetwear für eine internationale junge Käuferschicht.

Juwelier Buccellati in der Via Condotti: Kleine Geschenke erhalten die Freundschaft.

Unfassbar. Die jungen Frauen tragen Absätze von sagenhaften zwölf Zentimetern Höhe. Und damit stelzen sie nicht etwa auf einer *passerella* – das hübsche italienische Wort für Laufsteg –, damit gehen sie einfach spazieren, abends auf dem halsbrecherischen Kopfsteinpflaster des Campo de' Fiori. Typisch Italienerin, typisch Römerin. Die mit bequemem Schuhwerk oft einhergehenden Scheußlichkeiten tun sie ihren Füßen nicht an. Außer – die Schlichtheit hat Methode. Wie bei jenem Engel, den wir eines Abends über den Platz rauschen sahen, fast naturblonde Haare, gazellenlange Beine, ein weißes Spitzenkleidchen, das dem Engelchen vielleicht zur Erstkommunion gepasst hatte, so kurz war es nun. Aber an den Füßen keine Stöckelschuhe, sondern: Doc Martens. Stil-Ikonen *alla romana*.

Alexandra Kruse, eine Hamburger Mode-Stylistin und immer unterwegs, findet Rom großartig. „Natürlich ist Mailand für das Modevolk zweimal im Jahr ein absoluter Pflichttermin", sagt sie, „aber Rom fetzt." Und damit bezieht sie sich nicht auf jene „Fetzen", die sich über manch schlank gehungerter Römerinnentaille gerade noch als Kleid(chen) behaupten wollen.

Die Modemesse AltaRoma lockt zweimal im Jahr alle in die italienische Hauptstadt, die etwas mit Haute Couture zu tun haben. Nachdem die Shows zwei Jahre lang in Renzo Pianos Auditorium organisiert wurden, finden die *sfilate* nun in antikem Ambiente statt, mal im Colosseo, mal in der Nähe des Vatikans. Im Sommer 2015 eröffnete das Modehaus Valentino an der Piazza di Spagna einen neuen, von dem renommierten Architekten David Chipperfield gestalteten Flagship Store – in Laufweite zum Hauptquartier der Traditionsmarke an der Piazza Mignelli, auf der man dann auch gleich eine Show inszenierte, die an die glanzvollen Zeiten der römischen Haute Couture erinnerte: Mehr als 700 Gäste, darunter viele internationale Stars, saßen vor dem in Zick-Zack-Form angelegten Laufsteg und bewunderten bodenlange Tüllkreationen mit schwerem Goldschmuck und Stickereien im antikrömischen Stil genauso wie minikurze Modelle im Transparentlook mit kniehoch geschnürten Sandalettchen. Mittendrin beklatschte Valentino (83), als Ehrengast neben Gwyneth Paltrow sitzend, die Entwürfe seines italienischen Nachfolger-Duos Maria Grazia Chiuri und

Luxus-Shopping in Rom: Versace-Store in der Via Veneto (oben), und Valentino in der Via Condotti (links).

Pier Paolo Piccoli. Der einstige Modekönig, in dessen Kreationen sich Frauen „schön und magnetisch“ fühlen sollten, hatte bereits im Jahr 2007 abgedankt – seine Marke gehört heute der Herrscherfamilie des Emirats Katar, die sich das Ereignis auf der Piazza wohl einiges kosten ließ.

Frau Kruse und Frau Fendi

Seit Gucci 1938 seinerseits unweit der Spanischen Treppe einen ersten Laden eröffnete, zieht es junge Modemacher nach Rom. Mit einer Fendi-Tasche fühlt sich Kruse „wie meine Tante“ – außer die Tasche ist von Ilaria Venturini Fendi. Deren Mutter Anna ist eine der fünf Fendi-Schwes-

„Natürlich ist Mailand für das Modevolk zweimal im Jahr ein absoluter Pflichttermin. Aber Rom fetzt.“

Die Galleria Alberto Sordi an der – die Piazza del Popolo mit der Piazza Venezia verbindenden – Via del Corso.

tern und Präsidentin von AltaRoma, der römischen Modemesse. Auch Ilaria macht, was Fendi gut kann: Taschen. Aber andere. Ihre Marke, Carmina Campus, verarbeitet gebrauchte Materialien. Die Taschen sind so stylisch, dass sich auch Alexandra Kruse, „wieder unbesorgt mit einer Fendi-Tasche sehen lassen kann". Zumal die Taschen als umweltfreundlich gelten – Stichwort Recycling. Ilaria Venturini Fendis hipper Laden in Rom heißt Re(f)use, ein Wortspiel aus Verweigern und Wiederverwenden.

Armani, Gucci, Prada & Co.

Und wo kann sich die shoppende Rom-Besucherin mit Mode-Must-Haves eindecken? Zunächst wird die Dame von Welt ihre Tour noch immer zu Füßen der Spanischen Treppe beginnen. In der Via Condotti geht es im Pendelgang von Valentino und Prada zu Gucci, von Armani zu Bruno Magli, von Max Mara zu Hermes.

Sollte es regnen, ist das eine gute Ausrede, in die White Gallery zu fahren. Im abgelegenen südlichen Stadtviertel EUR präsentiert Roms erster Luxury Lifestyle Store auf mehreren Stockwerken Mode von Alexander McQueen bis Ermenegildo Zegna. Wer aber meint, das vermeintliche Novum sei im Grunde auch nichts anderes als eine Shoppingmall, nur mit Dolce & Gabbana statt H & M, hat sicher auch recht. Also schlendert das moderne Luxusmädchen lieber kreuz und quer durch die Stadt, vor allem, wenn es auf der Suche nach Schmuck ist: Iosselliani heißt ein angesagter Juwelier. Was aussieht wie aus Materialien vom Flohmarkt zusammengelötet, ist schieres Understatement. Tatsächlich handelt es sich um Gold und Platin, mit Diamanten und Smaragden versetzt. Die Designer haben bei großen Juwelieren gelernt und in Pigneto ihren Flagshipstore eröffnet.

Den einen oder anderen angesagten Laden findet man auch hinter der Engelsburg, „40 Gradi" etwa in der Via Virgilio 1, und selbst in einem der Schuhläden an der Billig-Meile Via del Corso kann frau Entdeckungen machen. Alexandra Kruse hat sich da mal rote Doc Martens gekauft, erzählt sie, und schickt gleich noch einen Tipp hinterher: „Ab und zu schlendere ich zur Piazza Vittorio Emanuele, in diese chinesischen und libanesischen Läden. Die haben manchmal total angesagtes Zeug."

Auf einen Blick

Edel: Via Condotti, Via Borgognona und Via Frattina sind die exklusivsten Shoppingstraßen Roms.
Modern: Recycle-Mode bieten Re(f)use, Via Fontanella Borghese 40, www.carminacampus.com/CARMINA_CAMPUS/ REFUSE.html und die White Gallery, Piazza Guglielmo Marconi, EUR, Tel. 06 54 27 74 00.
Streetwear findet man zum Beispiel im 40 Gradi, Via Virgilio 1, www.quarantagradi.it; im Urban Star, Via Enrico Fermi 91–93, www.urbanstaroma.com/shop/ und im La Santeria, Via Giovanni Branca, 84.
Schmuck: Iosselliani, Via del Leone 21, www.iosselliani.com
Alle Infos zur Modemesse: www.altaroma.it

Bei Luis Vuitton in der Via Condotti finden wir sicher auch noch ein passendes Täschchen …

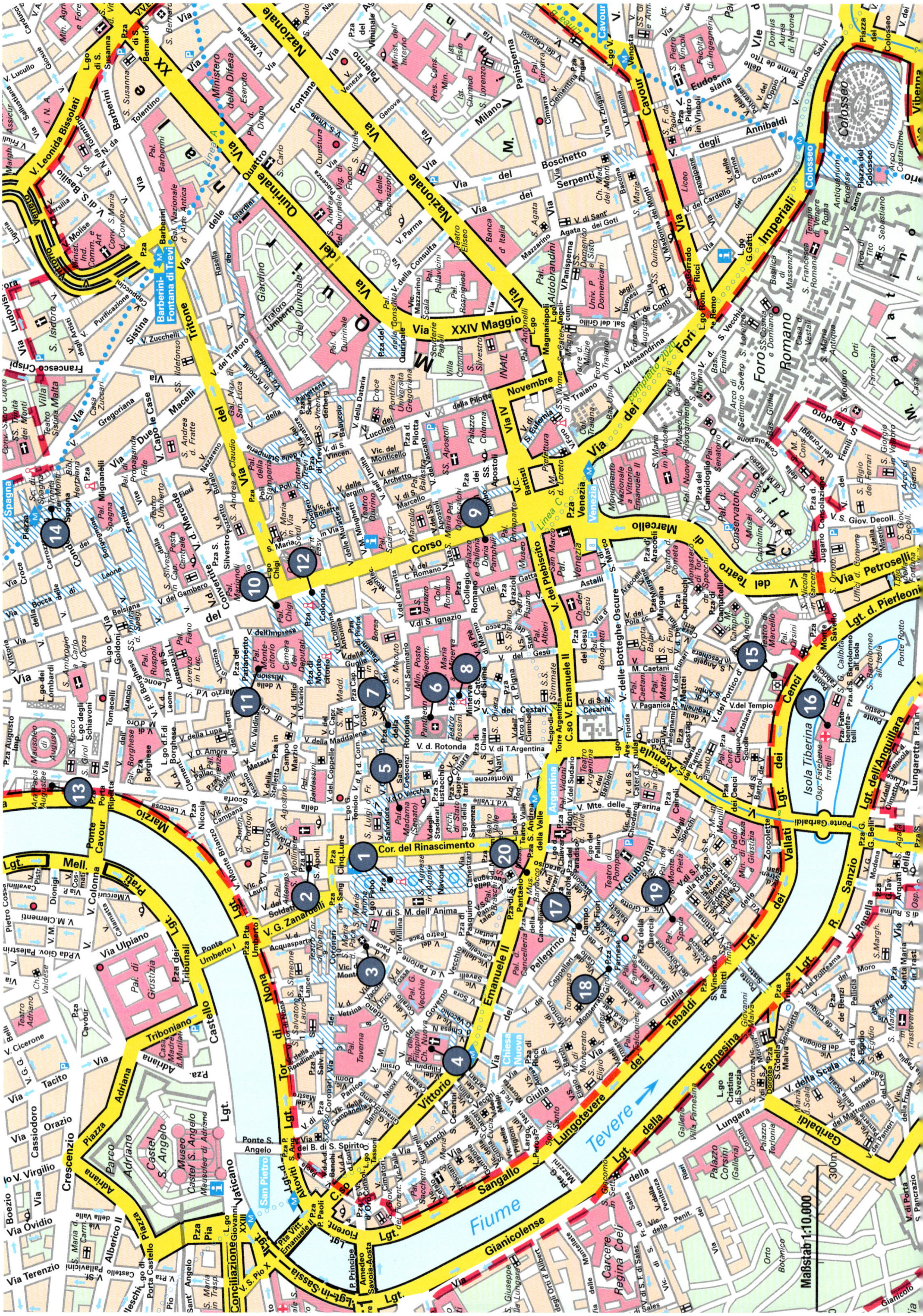

Via Nazionale
Via del Quirinale
Via Quattro Fontane
Via XXIV Maggio
Via IV Novembre
Via dei Fori Imperiali
Via Cavour
Colosseo
Foro Romano
Palatino
Campidoglio
Musei Capitolini
Monumento a Vittorio Emanuele II
P.za Venezia
Via del Corso
Via del Tritone
P.za Barberini
Barberini-Fontana di Trevi
Spagna
Via del Teatro di Marcello
Via Petroselli
Lgt. d. Pierleoni
Isola Tiberina
Lgt. dei Cenci
Lgt. dei Vallati
Lgt. dell'Anguillara
C.so V. Emanuele II
Cor. del Rinascimento
C.so Vittorio Emanuele II
Lungotevere
Fiume Tevere
Lgt. della Farnesina
Gianicolense
Lgt. Sangallo
Lgt. Tor di Nona
Ponte Umberto I
Ponte Cavour
Ponte S. Angelo
Castel S. Angelo
Museo Castel S. Angelo
Parco Adriano
P.za Cavour
P.za Adriana
Via Crescenzio
Via della Conciliazione
Lgt. in Sassia
Mausoleo di Augusto
Ara Pacis Augustae
Pantheon
Chiesa Nuova
Largo Argentina
Carcere Regina Coeli
Palazzo Corsini (Galleria)
Villa Farnesina
Orto Botanico
Maßstab 1:10.000
300m
1
2
3
4
5
6
7
8
9
10
11
12
13
14
15
16
17
18
19
20

Im Herzen der Stadt

Im historischen Zentrum („Centro Storico") mit seinen oft noch kleinstädtisch anmutenden, immer wieder auf grandiose Plätze führenden Gassen wandelt man auf den (gleich unter dem Pflaster begrabenen) Spuren der Antike und mitten im römischen Alltagsleben zugleich.

1 – 3 Piazza Navona und Umgebung

Die ovale Anlage des Platzes entspricht bis heute der Arena des um das Jahr 85 unter Domitian errichteten Stadions. In diesem sollen damals rund 30 000 Zuschauer Platz gehabt haben.

SEHENSWERT/MUSEUM

Zwischen Mohren- und Neptunbrunnen erhebt sich auf der 1 **Piazza Navona** TOPZIEL Berninis **Vierströmebrunnen** (Fontana dei Fiumi, 1647–1651), mit allegorischen Darstellungen von Nil, Ganges, Donau und Rio della Plata. Westlich an den Platz grenzend ließ Papst Innozenz X. Pamphili ab 1644 seinen Familienpalast **Palazzo Pamphili** erbauen, in dem heute die brasilianische Botschaft untergebracht ist. Daran schließt sich die Kirche **Sant'Agnese in Agone** an, deren konkave Fasssade ebenso wie die Kuppel und die beiden Glockentürme größtenteils Borrominis Werk sind. Nördlich der Piazza Navona erhebt sich an der 2 **Piazza di San Apollinare** der **Palazzo Altemps** mit der zum 1889 gegründeten **Museo Nazionale Romano** gehörenden **Archäologischen Sammlung** (Eingang: Piazza Sant'Apollinare 44, Di. bis So. 9.00–19.45 Uhr). Richtung Tiber hat Rom sich noch einen fast kleinstädtischen Charakter bewahrt, links und rechts der Via dei Coronari verstecken sich kleine Läden und Cafés sowie die Kirche 3 **Santa Maria della Pace** mit Raffaels Sibyllen-Fresko (1514, besonders schön am Nachmittag anzusehen, wenn das Licht aus den Fenstern auf die Darstellung fällt).

SHOPPING

Individuellen Schmuck mit Perlen aus Murano-Glas findet man zwischen Tiber und Piazza Navona bei **La Fornace** (Via dei Coronari 136).

RESTAURANTS

Ein Wunder, dass sich so ein Lokal mitten in Rom erhalten hat: Bei € **Da Alfredo e Ada** gibt es keine Speisekarte, aber für 18 Euro einen Teller Nudeln, dann Kalb oder Huhn, ein paar Kekse, eine Flasche Wasser und ein Viertel Wein, weil, wie es an der Wand steht, eine Mahlzeit ohne Wein wie ein Tag ohne Sonne ist: *Un pasto senza vino é come una giornata senza sole* (Via Banchi Nuovi 14, Tel. 066 87 88 42, So. und Mo. geschl.).

Von der Piazza Navona (rechts) ist es nur ein Katzensprung zum Hotel Raphael mit seiner herrlichen Dachterrasse (oben).

Pasta ab 9 Euro bekommt man im € € **Piccola Cuccagna**, einem winzigen, rustikal-charmanten Lokal mit guter Küche, trotz der touristischen Lage (kleine Tische im Freien, Via delle Cuccagna 13, Tel. 06 686 19 20). Im € € € **Vic's** (Vicolo della Torretta 60, Tel. 066 8714 45) trifft man sich mittags, um leichte, hochwertige Gesundkost zu speisen. Die € € **Pizzeria La Focaccia** (Via della Pace 11, Tel. 06 68 80 33 12, www.1stmuse.com/focaccia/) serviert Holzofenpizza in einer hübschen Gasse.

UNTERKUNFT

Gleich hinter der Piazza Navona liegt das von Bougainvilleas überwachsene € € € € **Hotel Raphael**, reizend, aber teuer (Largo Febo 2, Tel. 06 68 28 31, www.raphaelhotel.com).

4 – 8 Rund um die Piazza della Rotonda

Einer der beliebtesten Treffpunkte der Römerinnen und Römer im Herzen des Centro Storico und für Touristen ein hervorragender Ausgangspunkt für eigene Entdeckungen ist der Brunnen auf der Piazza della Rotonda.

SEHENSWERT

Der **Corso Vittorio Emanuele II** durchschneidet die Altstadt, an ihm liegt die als 4 **Chiesa Nuova** bekannte, im späten 16. Jh. errichtete Barockkirche **Santa Maria in Vallicella** mit drei Altarbildern von Rubens. Ebenfalls aus dem 16. Jh. stammt der als Stadtresidenz für die Familie Medici errichtete 5 **Palazzo Madama** (Corso Rinascimento, 1. Sa. im Monat 10.00 bis 18.00 Uhr, außer im Aug.), seit 1871 Sitz des Senats, einer der beiden Kammern des italienischen Parlaments. „La Rotonda" wird das 6 **Pantheon** TOPZIEL (Mo.–Sa. 8.30–19.30, So. 9.00–18.00 Uhr, Fei. 9.00–13.00 Uhr) von den Römern genannt, so erklärt sich auch der Name des diesen größten Kuppelbau der Antike umgebenden Platzes, der 7 **Piazza della Rotonda**. Rund um den im Ursprung auf das Jahr 27 v. Chr. zurückgehenden, seinem griechischen Namen entsprechend allen Göttern geweihten Tempel, der als größter Kuppelbau der Antike gilt, geht es stets lebhaft zu; etwas ruhiger ist es gleich um die Ecke auf der östlich gelegenen ❽ **Piazza Minerva**, auf der eine von Bernini geschaffene Elefantenskulptur den kleinsten der römischen Obelisken trägt.

RESTAURANT
Die € € **Enoteca Corsi** ist eigentlich nur eine Weinhandlung, aber neben den Flaschenregalen stehen auch ein paar Tische, an denen ein dreigängiges Mittagsmenü mit Pasta, Hauptgericht und Dessert 27 Euro kostet (Via del Gesù 87, Tel. 06 67 90 821, Mo.–Sa. 11.00–20.00 Uhr, im Aug. geschl.; www.enotecacorsi.com).

❾–⓭ An der Via del Corso

Die eineinhalb Kilometer lange Via del Corso, meist kurz Corso genannt, verbindet die Piazza Venezia mit der Piazza del Popolo im Norden.

SEHENSWERT/MUSEUM
Am südlichen Ende der **Via del Corso** zeigt die ❾ **Galleria Doria Pamphili** (Via del Corso 305, www.dopart.it, tgl. 9.00–19.00 Uhr) Gemälde von Breughel bis Tizian. Das Zentrum

Tipp

„Isola del Cinema“

Jeden Sommer wird die ⓰ **Tiberinsel** zur „Insel des Kinos“. Man sitzt auf der kleinsten bewohnten Insel der Welt, umflossen vom trägen Tiberplätschern, und statt den in der verkehrsreichen Stadt ohnehin selten zu sehenden Sternen flimmert die Großleinwand. Rund 350 000 Zuschauer kommen von Ende Juni bis Anfang September hierher, freuen sich auch an Retrospektiven und Treffen mit Regisseuren und Darstellern. Beliebt sind Abende mit italienischen Filmklassikern, an denen Anita Ekberg einmal mehr in den Trevibrunnen steigt oder Pasolinis düstere Welten über die Leinwand flimmern. Da macht es nicht so viel aus, wenn man kein Italienisch versteht: Die Macht der Bilder macht das Kino.

INFORMATION
www.isoladelcinema.com

Von der Suite 503 (rechts) des im Jahr 1893 direkt an der Spanischen Treppe eröffneten Hotels Hassler hat man diesen fantastischen Blick über die Dächer der Stadt (oben).

der Macht liegt etwas nördlich: Im ❿ **Palazzo Chigi** logiert seit 1961 der italienische Ministerpräsident, daneben hat die Abgeordnetenkammer im ⓫ **Palazzo Montecitorio** ihren Sitz. Die ⓬ **Piazza Colonna** wurde wie der gleichnamige Stadtteil nach der Mark-Aurel Säule *(Colonna di Marco Aurelio)* benannt; die römische Säule wurde im Jahr 193 fertig und steht noch auf dem ursprünglichen Platz. Das **Augustusmausoleum** (Piazza Augusto Imperatore) ließ sich Kaiser Augustus 29 v. Chr. schon zu Lebzeiten errichten, später, 13 v. Chr., gab der Senat den ihm gewidmeten Friedensaltar, Ara Pacis Augustae, in Auftrag. Heute schützt den Altar im ⓭ **Museo dell'Ara Pacis** ein ultramoderner Glasbau des Architektenbüros Richard Meier & Partners (Lungotevere in Augusta, Ecke Via Tomacelli, www.arapacis.it, tgl. 9.30–19.30 Uhr).

RESTAURANT
Das € € € **Gusto** ist Weinbar, gehobenes Ristorante und Osteria zugleich (Piazza Augusto Imperatore 9, Tel. 06 3 22 62 73, www. gusto.it, tgl. 12.00–15.30, 19.00–24.00 Uhr). Das € € **Café Rosati**, seit 1922 ein berühmtes Intellektuellen-Café an der Piazza del Popolo/Ecke Via di Ripetta, wird heute viel von Touristen frequentiert (Tel. 06 3 22 58 59, www.barrosati.com).

⓮ Rund um die Spanische Treppe

Der offizielle Name, „Scalinata della Trinitá dei Monti“, verweist auf die französische Nationalkirche, zu der die Treppe hinaufführt; angelegt wurde sie 1723–1726 auf Anregung eines französischen Kardinals, um mitten in Rom von der Größe des Königs von Frankreich zu künden. Berühmt ist sie jedoch als „Spanische Treppe“ – nach der Piazza di Spagna zu ihren Füßen, bei der im 17. Jh. der spanische Botschafter beim Heiligen Stuhl seine Residenz hatte.

SEHENSWERT
Den schönen Blick auf die ⓮ **Spanische Treppe** TOPZIEL mit Berninis **Fontana della Barcaccia** zu ihren Füßen dürften auch die romantischen englischen Dichter Shelley und Keats genossen haben, sie wohnten direkt nebenan im heute als Museum zu besichtigenden **Keats-Shelley-House** (Piazza di Spagna 26, www.keats-shelley-house.org, Mo.–Sa. 10.00 bis 13.00, 14.00–18.00 Uhr). Gleich bei der Treppe logierte auch der Maler Giorgio de Chirico (**Casa Museo de Chirico**, Piazza di Spagna 31, nach Anmeldung: Tel. 066796546, www.fondazionedechirico.org). Schön zum Spazieren ist die **Via Margutta**, in der viele Antiquitäten-Restauratoren Werkstätten haben.

UNTERKUNFT
Ein Stockwerk in einem historischen Palazzo nimmt das nur wenige Schritte von der Piazza di Spagna gelegene, gediegene € € **Hotel Forte** ein (Via Margutta 61, Tel. 063207625, www. hotelforte.com). Elegant, ohne übertrieben schick zu sein ist das € € **Hotel Art** (Via Magutta 56, Tel. 06328711, www.hotelart.it), ein Designhotel in einem religiösen Collegio aus dem 19. Jh. Direkt oberhalb der Spanischen Treppe liegt das vom Inhaber Roberto E. Wirth geführte € € € € **Hotel Hassler** (Piazza della Trinità dei Monti 6, www.hotelhasslerroma.com), dessen der Stadt zugewandte Zimmer einen fantastischen Ausblick bieten.

⓯–⓰ Ehemaliges Getto, Tiberinsel

Bereits im zweiten vorchristlichen Jahrhundert, nach der Zerstörung des Tempels von Salomon (161 v.Chr), ließen sich in Rom die ersten Juden nieder. Die Stadt beherbergt somit eine der ältesten jüdischen Gemeinden Europas.

SEHENSWERT/MUSEUM
1901–1904 wurde die ⓯ **Große Synagoge** von Rom, Tempio Maggiore di Roma, gebaut, ein mächtiges Gebäude als Zeichen der Emanzipation gegenüber dem dominanten christli-

chen Glauben in der Stadt. Die Kuppel auf quadratischem Grundriss ist von allen Aussichtspunkten aus zu erkennen. Die Geschichte der Juden in Rom erzählt das in der Synagoge untergebrachte **Museo Ebraico** (Lungotevere Cenci 15, Tel. 06 68 40 06 61, www.museoebraico.roma.it, So.–Do. 10.00–17.15 Uhr, Fr. nur bis 15.15 Uhr). In der **Via del Portico d'Ottavia** gibt es viele jüdische Läden und Bars. Die Römerbrücke **Ponte Fabricio** verbindet die (16) **Tiberinsel** mit dem einstigen Getto. Neben der Basilika **San Bartolomeo all'Isola** befindet sich auf der Insel auch ein vom Orden der Barmherzigen Brüder geführtes Krankenhaus (**Ospedale Fatebenefratelli**).

RESTAURANTS

Traditionelles jüdisches Essen und hausgemachte Pasta serviert die € € **Taverna del Ghetto** (Via del Portico d'Ottavia 8, Tel. 066 8 80 97 71, www.latavernadelghetto.com). Auch im € € **Nonna Betta** gibt es koschere Küche (Via dell Portico d'Ottavia 16, Tel. 06 68 80 62 63, www.nonna betta.it). Schicker ist die € € **LoungeBar Sheva** (Via Santa Maria del Pianto 1/b, Tel. 06 68 80 15 18).

(17) – (20) Campo de' Fiori und Umgebung

Der ehemalige Blumenmarkt wurde einst auch für Hinrichtungen genützt.

SEHENSWERT/MUSEUM

Giordano Brunos Denkmal auf dem (17) **Campo de' Fiori** erinnert an den der Ketzerei angeklagten Philosophen. Pompöser wirkt die nahe (18) **Piazza Farnese**, benannt nach dem grandiosen **Palazzo Farnese**, im 16. Jh. errichtet im Auftrag des damaligen Kardinals Allessandro Farnese, der später als Papst Paul III. Michelangelo den Auftrag zur Ausmalung der Sixtinischen Kapelle erteilte. Heute befindet sich in diesem Palast der Sitz der Französischen Botschaft. Eine Ecke weiter wartet der (19) **Palazzo Spada** mit einer üppigen Gemäldesammlung auf (Via Capo di Ferro 13, Tel. 06 8 41 39 79, www.galleriaborghese.it, Di.–So. 8.30–19.30 Uhr, Tickets müssen reserviert werden). Das (20) **Museo Barracco** (Corso Vittorio Emanuele II 166, Tel. 06 06 08, www. museobarracco.it, Okt.–Mai Di.–So. 10.00–16.00, Juni–Sept. Di.–So. 13.00 bis 19.00 Uhr) zeigt frühe mediterrane Skulpturen.

RESTAURANTS

Im € **Il Fornaio** (Via dei Baullari 5, nahe Campo de' Fiori) gibt es Pizza auf die Hand, leckere süße Teile, mit Spinat gefüllte Teigrollen und andere Leckereien mehr. In die € € **Vineria Reggio** (Campo de' Fiori 15), geht man dagegen zum Trinken.

UNTERKUNFT

Das € € **Albergo del Sole** bezeichnet sich als ältestes Hotel Roms, weil hier schon erste Pilgerherbergen standen (Via del Biscione 76, Tel. 06 68 80 68 73, www.solealbiscione.it).

Genießen Erleben Erfahren

DuMont Aktiv

Ja, wo laufen sie denn?

Jogging in Rom? So mancher, der seine Laufschuhe mit in die große Stadt gebracht hat, wird sich schwer tun, seinen Trainingsplan durchzuführen. Wie wäre es mit einem Morgenlauf mitten durch die Stadt?

Natürlich wird man früh aufbrechen, ehe Abgase Stadt und Lunge belasten. Am einfachsten vertraut man sich einem Guide an, einem rennenden. Treffpunkt am Kiosk beim Vatikan oder an einem anderen vereinbarten Punkt. Da steht Pasquale, Joggingklamotten, dicke Pulsuhr, o Schreck, wird er gleich losrennen? Nein, der Jogging-Guide ist ein Profi, er passt sich dem Tempo des Gastes an, und sei das noch so langsam. Pasquale arbeitet für die Agentur Sightjogging – und das bedeutet, er erklärt dem Läuferkunden auch noch, was es unterwegs zu sehen gibt. Genauer gesagt: Pasquale redet die ganze Zeit! Wie macht er das nur, dabei nicht aus der Puste zu kommen?

Acht, neun Kilometer schafft man so in einer Stunde. Eine unterhaltsame Stadtführung, im Dauerlauf. Wasser muss man auch in der größten Hitze nicht mit sich führen: Jeder noch so kleine Brunnen speit Trinkwasser aus. Quellwasser, erfrischend kühl. So geht es zur Piazza Navona, mit Straßenkehrern, Corso Vittorio Emanuele, erste Roller brausen vorbei, blendend weiß baut sich das Vittoriale auf. Und dann flott treppauf, Michelangelos Catwalk zum Campidoglio. Oben tief durchatmen, und herunterschauen auf die allmählich erwachende Stadt.

Paarlauf auf der Tiberinsel (oben) und am Kolosseum vorbei (unten).

Weitere Informationen

Die Touren dauern eine Stunde, es werden acht bis zehn Kilometer gelaufen. Es gibt zahlreiche verschiedene Alternativen, Infos unter www.sightjogging.it

Rom, offene Stadt

Das antike Rom war eine Weltstadt. Über eine Million Menschen lebten am Tiber. Heute begegnet einem hier auf Schritt und Tritt „der aufgewühlte Schutt aus dem ausgegossenen Aschenkrug der Zeit" (Jean Paul). Das freut den Reisenden, der gekommen ist, das antike Erbe zu bestaunen – und das ärgert immer mal wieder die Römer, wenn etwa der geplante Ausbau des U-Bahn-Netzes oder eines der vielen Neubauprojekte im Innenstadtbereich ins Stocken gerät, weil das antike Erbe dabei buchstäblich „im Weg" ist.

Triumphbogen des Septimius Severus, Saturntempel und Vespasiantempel vor der Kulisse der barocken Kirche Santi Luca e Martina

Auf der Suche nach der verlorenen Zeit: Die antike Via Sacra war einst der Hauptweg auf dem Forum Romanum.

Der Tempel der Vesta (links im Bild) war das zentrale Heiligtum auf dem Forum Romanum. Der Tempel des Castor und des Pollux (rechts) erinnert an die gleichnamigen Söhne des Zeus.

Auf dem Palatin-Hügel entdeckte man erst vor wenigen Jahren eine Grotte, die die frühen Römer wohl als jenen Ort verehrten, an dem die Wölfin Romulus und Remus gesäugt haben könnte.

Fresken wie diese um das Jahr 30 v. Chr. für das Haus des Augustus entstandene Apollo-Darstellung zierten einst die Gebäude auf dem Palatin.

Lärm und Gestank, Abfall auf den Straßen, baufällige Mietskasernen und Slums, in denen immer wieder Brände ausbrechen – nein, dies ist keine Beschreibung von Roms Gegenwart; gemeint ist das antike Rom, in dem sich Wohlhabende nachts oft nur in einer Sänfte, von bewaffneten Sklaven begleitet, auf die Gassen trauten, in dem bereits Gesetze das Verkehrschaos bändigen sollten und vorschrieben, dass Wohnhäuser nicht mehr als acht Stockwerke haben durften. Noch im ersten vorchristlichen Jahrhundert hatte der römische Geschichtsschreiber Livius Rom als „Kuhdorf" bezeichnet – erst Augustus, der erste römische Kaiser, machte sich dann daran, eine prächtige Weltstadt aus Marmor errichten zu lassen. Umso drastischer verlief die Entwicklung, als es ab dem frühen 4. Jahrhundert mit der Herrlichkeit des kaiserlichen Rom zu Ende

> „Rom ist der Ort, in dem sich für unsere Ansicht das ganze Altertum in eins zusammenzieht."
>
> Wilhelm von Humboldt

ging. Bürgerkriege, Invasion germanischer Stämme und auch die Dekadenz in den Führungsschichten führten schließlich zum Niedergang. Offiziell beendet war das antike Kaiserreich, als der germanischstämmige Heerführer Odoaker am 28. August 476 den letzten römischen Kaiser, Romulus, absetzte und vertrieb. Rom zerfiel. Innerhalb von 250 Jahren ging die Einwohnerzahl auf 30 000 zurück. Auf dem Forum Romanum weideten nun Schafe. Um den Schutz des historischen Erbes aber machte man sich schon in der Spätantike Gedanken. So ließ beispielsweise der römische Kaiser Majorian im Jahr 458 verfügen, dass alles, was zum Glanz der Stadt beitrage, „durch den Eifer der Bürger auch in gutem Zustand erhalten" werden solle. Und er beließ es nicht nur bei diesem Appell, son-

Müßiggang an der Piazza del Campidoglio: Die Behauptung, dass man dem Müßiggang auch im – den Platz säumenden – Konservatorenpalast als Amtssitz der städtischen Beamten („Konservatoren") gerne nachgehe, konnten wir bei unseren Recherchen leider nicht näher überprüfen.

Reiterstatue des Marc Aurel auf der Piazza del Campidoglio (Original in den Kapitolinischen Museen).

Zu den beeindruckendsten Exponaten der Kapitolinischen Museen gehören diese Reste einer Kolossalstatue Kaiser Konstantins I.

Wie die zum Platz hinaufführende Freitreppe und die sein Oval säumenden Palazzi wurde auch die Piazza del Campidoglio von Michelangelo entworfen.

dern drohte bei der Gelegenheit auch gleich all jenen drakonische Strafen an, die sich an „Tempeln und anderen Denkmälern" vergehen wollten.

Luther, Goethe und die Mauerspechte

Mauerspechte in Rom? Schon in der Antike? Nein, diesmal befinden wir uns in der Gegenwart: Am Colosseo wurden Touristen kürzlich dabei erwischt, wie sie nachts mit Hämmern kleine Teile abbrachen. Wie das Alte erhalten? Eine in Rom immer aktuelle Fragen. Nun stellte die italienische Regierung bis Ende 2016 80 Millionen Euro für Restaurierungen im Kulturbereich zur Verfügung. Allein 18,5 Mio. Euro sollen dem Wiederaufbau der Gladiatoren-Arena im Kolosseum dienen. Eine Plattform wird dann den Unterbau des Amphitheaters überdecken, damit das 2000 Jahre alte Kolosseum wieder als Arena für Open-Air-Aufführungen genutzt werden kann. Die Bauarbeiten hat man auf fünf Jahre prognostiziert. Gleich nebenan soll ein Deutscher geehrt werden: 500 Jahre lang dauerte es, bis der berühmte Theologe Martin Luther in Rom gewürdigt wird. Nun bekommt er einen Platz im Parco delle Colle Oppio direkt am Kolosseum. Anfang des 16. Jahrhunderts war der junge Augustinermönch und spätere Reformator in Rom zu Besuch. Anlass der Neubenennung des Platzes ist das Jubiläum im Jahr 2017 zu 500 Jahre Reformation. Und was die Mauerspechte betrifft: Schon Goethe wollte etwas vom Alten Rom mit nach Hause nehmen. Als er „auf den Ruinen des Neronischen Palastes" herumspazierte, konnte er sich „nicht enthalten, die Taschen vollzustecken von Granit, Porphyr und Marmortäfelchen, die zu Tausenden hier herumliegen und von der alten Herrlichkeit zeugten".

Im Schatten der Geschichte

„Die zu Staub zerronnene Zeit, wie geruchloses Naphtalin, ein grüner Schleier über dem nur wenig intensiveren, körnigeren und frischeren Grün der Pflanzen an den Tiberufern ...": Pier Paolo Paso-

San Giovanni in Laterano entstand Anfang des 4. Jahrhunderts als erste Basilika Roms. Benannt ist sie nach der Familie Laterani, deren Land Kaiser Konstantin für den Bau beschlagnahmen ließ.

Bronzestatue Kaiser Trajans vor den Trajansmärkten (zwischen Trajansforum und Quirinal).

Annähernd 80 000 Kubikmeter Erde mussten in den Jahren 107 bis 113 bewegt werden, um das *Foro di Traiano*, das Trajansforum, zu errichten. Die Höhe der Trajanssäule (in der Bildmitte) kennzeichnet die Höhe des abgetragenen Baugrunds.

Das Nationaldenkmal Viktor Emanuel II., *Monumento Nazionale a Vittorio Emanuele II*, erhebt sich am Südende der Via del Corso zwischen Piazza Venezia und Trajansforum. Benannt wurde es nach dem aus dem Hause Savoyen stammenden ersten König des 1861 neu gegründeten Italiens.

Special

Mythen und Legenden

Wie alles anfing

Rom sei „zuallererst einmal eine von der Fortuna begünstigte Stadt", meinte der italienische Autor Luigi Malerba: „Ihr Glück fängt bei der Gründung an, weil Romulus imstande war, sich auf dem Tiber in einem Korb aus Weidengeflecht über Wasser zu halten ..., dann wurde er, auch das ein ziemlich einmaliger Fall, von einer Wölfin gesäugt."

In der Geschichte Roms wimmle es nur so von Ereignissen, „die sich im Zeichen der Göttin mit der Augenbinde vollziehen, fügte Malerba hinzu. Doch sein Skeptizismus in allen Ehren: Was sind schon nackte Fakten gegen bunt eingekleidete Mythen? Wer zwischen Dichtung und Wahrheit zu unterscheiden versucht, der erfährt etwa, dass archäologischen Grabungen zufolge schon zur Eisenzeit gleich auf mehreren der sieben östlich des Tibers gelegenen Hügel Hüttensiedlungen standen; die älteste wohl auf dem Palatin. Gut möglich, dass sich um 753 v. Chr. herum – auf dieses Jahr datiert Livius die Gründung der Stadt – diese einzelnen Siedlungen zu einem größeren Gemeinwesen zusammenschlossen.

Gobelin in den Kapitolinischen Museen.

Napoleon zufolge ist die Geschichte der Stadt Rom auch die der westlichen Zivilisation. Das muss nicht wahr sein, passt aber gut zu dem hiesigen Motto: *e non è vero, è ben trovato* – „Wenn es nicht wahr ist, so ist es doch zumindest gut erfunden."

lini, von dem diese Zeilen stammen, flüchtete einst aus dem friaulischen Städtchen Casarsa nach Rom, weil er nach dem Bekanntwerden seiner Homosexualität seine Stelle als staatlich angestellter Volksschullehrer aufgeben musste und in der Provinz nicht mehr leben wollte. Das ist über ein halbes Jahrhundert her, aber Homosexualität bleibt in Italien ein schwieriges Thema. Viele homosexuelle Jugendliche werden von der Familie regelrecht ausgestoßen und kommen wie einst Pasolini nach Rom, weil sie sich dort ein freieres Leben erhoffen. Die Szene trifft sich hinter dem Colosseo, wo es eine Gay Help Line gibt, die monatlich von Hunderten kontaktiert wird, die auf der Suche nach einer Bleibe sind. Der Präsident (2008–2013) der Provinz Rom, Nicola Zingaretti, schlug vor, ein Aufnahmehaus zu gründen, in dem Jugendliche unterkommen können. Das wäre sicher eine gute Möglichkeit, den auf der Straße lauernden Gefahren aus dem Weg zu gehen. Pasolinis Leben etwa endete tragisch: Der Schriftsteller und Filmregisseur, der sich auch antiker Stoffe annahm, „Medea" und „Edipo Re" (König Ödipus) verfilmte, lief in Rom seinem Tod in die Arme; seine Leiche wurde am Strand von Ostia gefunden. Als Mörder verurteilte man einen Stricher, der aber 2005, lange nachdem er seine Gefängnis-

„Solange das Kolosseum steht, solange besteht Rom, wenn das Kolosseum fällt, fällt Rom, wenn Rom fällt, fällt auch die Welt", meinte der englische Benediktinergelehrte Beda im 7. Jahrhundert.

Das größte Theater der römischen Welt schützte die Besucher mit einem Sonnensegel, der Boden der Arena war mit Brettern bedeckt und konnte – für Seeschlachten – geflutet werden.

„In Rom ist die Vergangenheit untergründig lebendig, voller Hohlräume, in denen das Vergangene überlebt. Wer den Spaten ansetzt, durchsticht die Haut, die sich über der Geschichte gebildet hat."

Volker Reinhardt

strafe verbüßt hatte, sein altes Geständnis widerrief, was neue Spekulationen über Pasolinis Tod zur Folge hatte.

Im Besichtigungs-Auf-und-Ab

Dass das antike Rom auf Hügeln erbaut wurde, erfahren Rombesucher im Besichtigungs-Auf-und-Ab am eigenen Leib. Wer nicht nur vom Sightseeing-Doppeldeckerbus auf Rom blicken will, der wird in der Stadt einiges an Höhenmetern zu absolvieren haben. Dabei könnte er auf die Idee kommen, sich nicht nur über den schönsten Platz der Stadt Gedanken zu machen, sondern auch über die schönste Treppe: Ganz oben auf dem Treppchen wird wohl bei den meisten die Spanische stehen. Majestätischer aber kommt die zum Kapitol hinaufführende Treppe daher – immerhin wurde sie von Michelangelo entworfen. Geschichte auf Schritt und Tritt auch hier: Flankiert werden die Stufen nämlich in der Höhe von zwei antiken Statuen, die Castor und Pollux zeigen und vermutlich aus dem Circus Flaminius stammen, einer in den Jahren 221 bis 220 v. Chr. von Gaius Flaminius errichteten Rennbahn. Roms steilste Treppe führt mit 124 Stufen hinauf zum Himmelsaltar – zur Kirche Santa Maria in Aracoeli. Auch sie hat ältere Referenzen, steht sie doch auf den Fundamenten des Juno-Tempels.

Hinauf zum Himmelsaltar ...

Die einzig wahre Heilige Treppe dagegen, die Scala Santa, befindet sich gegenüber dem Lateranpalast. Auf ihr soll einst Jesus in Jerusalem hinauf zu Pontius Pilatus gestiegen sein. Eher skurril und sehr lang ist die Treppe mit ihren 500 Stufen, die im Inneren der Petersdomkuppel hinaufführt. In der Höhe verengt sich der Gang derart, dass Besucher dort so schief gehen müssen wie in einem Jahrmarkts-Wunderkabinett.

... und zum Altar der Kunst

Bleiben noch zwei weitere Exemplare in der „Treppengeschichte" der italienischen Hauptstadt: die doppelläufige, bereits im Jahr 1932 erbaute Spiraltreppe in den Vatikanischen Museen und die beeindruckend frei schwebenden Treppenflure im MAXXI, dem im Jahr 2010 eröffneten Museum für Gegenwartskunst.

KULINARISCHES ROM

Animella, die zarteste Versuchung aus dem Schlachthaus

Schon aus der Kaiserzeit sind „die zehn Bücher des Apicius über die Kochkunst" überliefert. Das erste davon ist „Der sparsame Wirtschafter" überschrieben: Die römische Küche blieb bis heute im Wesentlichen eine cucina povera*, eine Armeleuteküche – einfach und bodenständig, aber nicht ohne Überraschungen.*

Nomen est omen: Im Ristorante Trattoria Maccheroni kann man dem Koch beim (Spaghetti- und Maccheroni-)Kochen zusehen.

Zucchini aus dem Umland, Fisch aus dem Tiber, Käse aus den Bergen, Innereien aus dem Schlachthof und Frittiertes aus dem Getto – so sah die traditionell römische Küche früher aus. Manche Restaurants haben sich bis heute dieser kulinarischen Tradition verschrieben. Und das sind bestimmt nicht die schlechtesten. Antonello Magliari etwa blättert für uns in seiner Trattoria Grappolo d'Oro Zampano die Speisekarte auf: *animella, arzilla, trippa, reni* – Namen, die nicht einmal jeder Italiener kennt. *Animella* beispielsweise bedeutet Bries und ist für Magliari so etwas wie die zarteste Versuchung aus dem Schlachthof.

Während man im Ristorante Trattoria Maccheroni (rechts) die traditionelle hausgemachte römische Küche pflegt, zelebriert man im Restaurant La Terrazza (Hotel Eden) höchste Küchenkunst (links).

Womit wir schon beim Thema sind: Das „fünfte Viertel", *quinto quarto*, eines Tieres, die Innereien, wurde nach der Schlachtung billig verkauft, weil es schnell verdarb. Nieren, Leber, Zunge, Kutteln, Hirn – all das servierten viele Restaurants im Testaccio-Viertel, gleich hinter dem größten Schlachthof Roms. Magliaris Trattoria jedoch liegt beim Campo de' Fiori. Touristen verirren sich kaum ins „Zampano", weil ihnen die Namen der angebotenen Speisen vielfach Rätsel aufgeben und sie die Preise für hoch halten. Dabei, seufzt Magliare, sei das Preis-Leistungs-Verhältnis bei einer Pizza für sieben Euro doch viel schlechter: „Kutteln zuzubereiten ist eine aufwendige Angelegenheit, man muss sie sorgfältig waschen, stundenlang kochen. Und Lammbries ist so teuer wie Austern. Von einem Lamm bekommen Sie nur 300 Gramm Bries; das wird alles nicht mehr geschätzt." Zum Glück freuen sich seine Stammgäste über die alten Rezepte.

Ist die römische Küche vom Aussterben bedroht?

Frische Zutaten aus dem Umland und die jüdische Tradition prägen die römische Küche. Seit rund 2000 Jahren leben Juden in Rom, ihre Art des Kochens, vor allem das Frittieren von Gemüse, und die Zutaten aus dem östlichen Mittelmeerraum wie Pinienkerne, Kichererbsen und Sultaninen sind typisch. Gemüse kauft Antonello auf dem Markt. Er kennt seine Marktfrauen seit vielen Jahren und weiß, „immer das, was gerade üppig angeboten wird, das schmeckt gut! Dann ist eben Artischocken- oder Zucchini-Saison. Und ich weiß, woher alles kommt".

Früher brachten Schäfer Lammfleisch, Pecorino und Ricotta in die Stadt. Bauern belieferten Rom mit Gemüse. Fisch gab es wenig, bis auf Rochen *(arzilla)*, einen der wenigen Seefische, die traditionell auch in Rom verspeist werden. Das Rochenfleisch wird mit Brokkoli zu einer kräftigen Nudelsoße verbunden.

Ein weiterer Klassiker der römischen Küche stammt von den Schäfern aus den Abruzzen: Spaghetti all'Amatriciana. Üblicherweise werden sie ohne Tomatensauce, nur mit Speck und Käse, serviert – Zutaten, die unterwegs nicht verdarben. Einfach (gut) schmecken auch *pasta cacio pepe*, Nudeln mit Käse und Pfeffer.

Um zu betonen, dass ihre Produkte wirklich aus der Region kommen, haben Restaurants und Läden das Markenzeichen D.O.L. ersonnen, *di origine Laziali*. Alles, was auf der Speisekarte so gekennzeichnet ist, kommt also aus dem Latium. Dennoch droht Antonello manchmal fast den Mut zu verlieren. Vielen Italienern sei es nämlich egal, klagt er, wenn ihre Muscheln von den Philippinen kommen und das Wildschwein aus Russland. „Die richtige römische Küche ist vom Aussterben bedroht", lautet sein düsteres Resümee. Aber obwohl er weiß, dass mit Pizza viel mehr Geld zu verdienen wäre, werden in seinem Grappolo d'Oro Zampano weiter Kutteln auf der Karte stehen.

Und *animella* sowieso. Sie wissen schon: Bries vom Lamm oder Kalb, die zarteste (und wohlmundendste) Versuchung aus dem Schlachthaus.

Adresse

Grappolo D'Oro Zampano
Piazza Cancelleria 80, Nähe Campo de' Fiori,
Tel 06 6 89 70 80, www.diroriginelaziale.it,
www.hosteriagrappolodoro.it

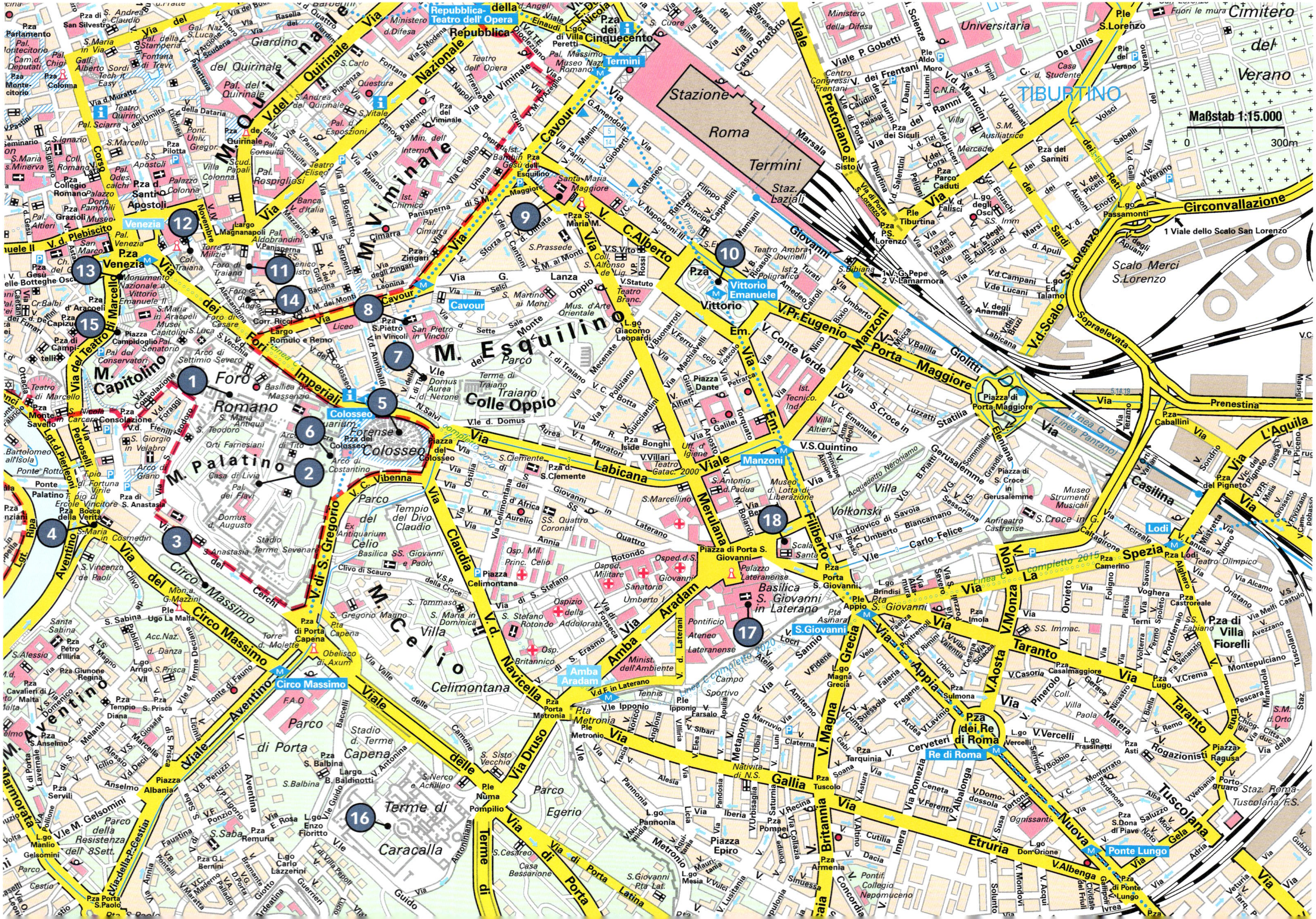

Maßstab 1:15.000
0
300m
Stazione
Roma
Termini
Staz. Laziali
Cimitero del Verano
TIBURTINO
Università
Scalo Merci S.Lorenzo
M. Quirinale
M. Viminale
M. Esquilino
Colle Oppio
M. Capitolino
Foro Romano
M. Palatino
Colosseo
M. Celio
Celimontana
Terme di Caracalla
M. Aventino
Circo Massimo
Via Nazionale
Viale Manzoni
Via Merulana
Via Labicana
Via Cavour
Via dei Fori Imperiali
Via Prenestina
Via Casilina
Via Appia Nuova
Via Tuscolana
Basilica S. Giovanni in Laterano
Piazza di Porta Maggiore
Piazza Vittorio Emanuele
Repubblica-Teatro dell' Opera
Termini
Vittorio Emanuele
Cavour
Colosseo
Circo Massimo
Manzoni
S.Giovanni
Re di Roma
Ponte Lungo
Lodi
Venezia
1
2
3
4
5
6
7
8
9
10
11
12
13
14
15
16
17
18

Der Nabel Roms ...

... und der Welt war ein Rundsockel im Forum Romanum. Als „Haupt und Mutter aller Kirchen des Erdkreises" gilt San Giovanni in Laterano, auf dem Campidoglio sitzt bis heute die Stadtregierung. Alte Götter, alte Römer, Kirchenprunk und weltliche Macht: All das findet man in dem Areal zwischen Forum und Hauptbahnhof.

1 – 4 Forum Romanum, Palatino

Von der einstigen Pracht des Forum Romanum als geistigem und weltlichem Zentrum des antiken Rom ist nicht viel geblieben – und das Wenige, das erhalten blieb, erfordert umso mehr Fantasie. Das gilt auch für den Palatin (Palatino), wo der Sage nach Romulus und Remus von der Wölfin großgezogen worden sein sollen: Auf diesem Hügel findet man die ältesten Besiedlungsstrukturen der Stadt.

SEHENSWERT/MUSEUM

Der Eingang zum 1 **Forum Romanum** TOPZIEL (Ende Okt.–Mitte Feb. 8.30–16.30, Mitte Feb.–Mitte März bis 17.00, Mitte März–Ende März bis 17.30, April–Aug. bis 19.15 Uhr, Sept. bis 19.00 Uhr, Okt. bis 18.30 Uhr) liegt in der **Via dei Fori Imperiali**. Um das Ausgrabungsgelände in seiner ganzen Komplexität zu erfassen, müsste man sich mehrere Tage lang dort aufhalten. Weiter geht es auf den 2 **Palatino** (Piazza S. Maria Nova 53, Via di San Gregorio 30, tgl. 8.30–17.00, im Sommer bis 19.15 Uhr).

Tipp

Gut & günstig

Der dreitägige **Roma-Pass** (36 Euro) erlaubt freien Eintritt in die ersten beiden archäologischen Stätten und danach ermäßigten Eintritt in alle anderen Museen. Außerdem kann man den öffentlichen Nahverkehr kostenlos nutzen (www.romapass.it). Die **Roma-Archeologica**-Karte kostet 27,50 Euro, gilt sieben Tage mit einem einmaligen Eintritt in Colosseo, Palatin und Palatin-Museum, Museo Nazionale Romano (= Palazzo Altemps, Palazzo Massimo, Crypta Balbi, Diokletiansthermen), Caracalla-Thermen, Mausoleum der Cecilia Metella, Villa di Quintili. Die Karte ist an den Museumskassen (außer am Mausoleum der Cecilia Metella und in der Villa di Quintili) sowie in der Touristeninformation, Via Parigi 5, erhältlich (www.rome.info).

Ob Rom wirklich „mehr Denkmäler als Häuser" hat, wie der römische Schriftsteller Alberto Moravio (1907–1990) einmal behauptete, sei dahingestellt – tatsächlich begegnet man in dieser Stadt dem Erbe der Zeit auf Schritt und Tritt. So wurden das gesamte historische Zentrum und die Stätten des Heiligen Stuhls zum UNESCO-Welterbe erklärt. Oben und links: Konstantinsbogen und Kolosseum.

Der Hügel war schon im 9. Jh. v. Chr. bewohnt, später residierten hier die Wohlhabenden. Im 16. Jh. ließ Kardinal Alessandro Farnese einen Botanischen Garten schaffen; bis heute sind die **Orti Farnesi** eine der grünen Lungen der Stadt. Im **Antiquarium** (Museo Palatino, Öffnungszeiten wie Palatino) können Funde von Ausgrabungen auf dem Hügel besichtigt werden (es gibt ein Kombiticket mit Forum Romanum und Colosseo, für den Besuch des Museums wird keine zusätzliche Eintrittsgebühr verlangt). „Wie Sie sehen, sehen Sie nichts", könnte das Motto einer Besichtigung des 3 **Circo Massimo** zu Füßen des Palatin lauten – jedenfalls fast nichts: Eine leere Fläche kennzeichnet heute das weitläufige Areal der Anlage an der Via del Circo Massimo, wo sich in der Antike eine Arena für Pferderennen befand – die mit Abstand größte der Stadt. Die kleine Kirche 4 **Santa Maria in Cosmedin** ist berühmt durch die „Bocca della Verità" an der Außenfassade: Der Legende nach werden Lügnern die Finger abgebissen, wenn sie ihre Hand in diesen „Mund der Wahrheit" stecken.

5 – 6 Colosseo, Arco di Costantino

„Rom ist sich wiedergeschenkt, und unter deiner Regierung, Kaiser, vergnügt sich das Volk": Mit diesen Worten huldigte der Dichter Martial (40–102) dem Kaiser Vespasian, der um das Jahr 72 die dreistöckige Arena in Auftrag gab, deren Reste wir bis heute bewundern können.

SEHENSWERT

Zur Einweihung des dreistöckigen 5 **Colosseo** TOPZIEL, des größten Amphitheaters der Antike, ließ Vespasian im Jahr 80 hunderttägige „Spiele zur Vergnügung des Volks" mit Gladiatoren- und Löwenkämpfen veranstalten (Piazza del Colosseo, tgl. geöffnet, Sommer 8.30–19.15, Winter nur bis 16.30 Uhr; Karten-Reservierung ist dringend empfohlen, es werden nur 3000 Besucher zurselben Zeit eingelassen, entweder unter Tel. 06 39 96 77 00 bzw. für Gruppen 06 39 96 74 50 oder auf www.coopculture.it/colosseo-e-shop.cfm). Dem in den Jahren 306 bis

Oben: „Papstkirche" Santa Maria Maggiore. Rechts: Antike Badeanstalt (Terme di Caracalla).

337 regierenden Kaiser Konstantin I. (eigentl. Flavius Valerius Constantinus, genannt „der Große") gewidmet ist der 6 **Arco di Costantino**, ein die Taten des Kaisers auf dem Schlachtfeld verherrlichender Triumphbogen.

NIGHTLIFE

Die Gegend gleich hinter dem Colosseo ist ein abendlicher Schwulen-Treffpunkt – eine lebhafte Gegend, mit einem Lokal neben dem anderen. Als „Gaystreet" bekannt ist die **Via San Giovanni in Laterano** (www.azgay.it).

RESTAURANTS

Im etwas versteckt nahe am Colosseo liegenden € € **Le Naumachie** kann man es kaum fassen, mitten im Touristentrubel so angenehm zu sitzen (Via Celimontana 7, Tel. 067002764, www.naumachiaroma.com, toskanische Weine, Pasta ab 8 Euro). Das € € **Luzzi** ist ein familiär geführtes Lokal (Via S. Giovanni in Laterano 88, Tel. 067096332, Mi. geschl.).

UNTERKUNFT

Östlich des Colosseo logiert man angenehm im € €/€ € € **Hotel Capo d'Africa** (Via Capo d'Africa 54, Tel. 06772801, www.hotelcapodafrica.com). Das elegante Anwesen hat moderne Zimmer und eine schöne Dachterrasse.

7 – 10 Esquilin

Vom Colosseo in nördlicher Richtung erstreckt sich der Esquilin, einer der sieben „klassischen" Hügel der Stadt. Der nach diesem Hügel benannte Stadtteil gehört zu den bevökerungsreichsten Vierteln der römischen Altstadt.

SEHENSWERT

Von der prachtvoll ausgestatteten Palastanlage, 7 **Domus Aurea**, die sich Kaiser Nero ab dem Jahr 64 nach dem Brand der Stadt anlegen ließ, sind nur noch Reste übrig. Die Besichtigung lohnt sich aber schon wegen der Fresken (Viale Monte Oppio, Di.–Fr. 10.00–16.00 Uhr). Die Kirche 8 **San Pietro in Vincoli** an der gleichnamigen Piazza steht auf Überresten aus dem 2. Jh., Grundsteinlegung war im Jahr 431. Besonders sehenswert ist im Kircheninneren Michelangelos berühmte Mosesfigur (1513 bis 1516) für das Papstgrab von Julius II. Neben der Peterskirche gibt es in der Stadt noch drei weitere Gotteshäuser, die einen Papstthron und einen Altar haben, an dem nur der Papst die Messe lesen darf. Zu diesen umgangssprachlich meist als „Papstkirchen" bezeichneten Patriarchatsbasiliken gehört neben **San Paolo fuori le Mura** und **San Giovanni in Laterano** (tgl. 7.00–18.30 Uhr) auch 9 **Santa Maria Maggiore** (tgl. 7.00–19.00 Uhr); die Mariensäule vor der Kirche stammt von der antiken Maxentius-Basilika. Treffpunkt der multikulturellen Nachbarschaft ist die 10 **Piazza Vittorio Emanuele II** (auch kurz: Piazza Vittorio).

11 – 14 Fori Imperiali

Als die Bevölkerung Roms so stark angewachsen war, dass das alte Forum nicht mehr ausreichte, nahm Caesar im Jahr 54 v. Chr. eine erste Erweiterung vor. Rund 50 Jahre später – Roms Einwohnerzahl näherte sich bereits der Millionengrenze – ließ Kaiser Augustus das Areal erneut erweitern. Zusätzliche Erweiterungen erfolgten 97 n.Chr. unter Kaiser Nerva und zuletzt unter dem in den Jahren 98–117 regierenden Kaiser Trajan.

SEHENSWERT

Nördlich der Via dei Fori Imperiali kann das größte, zuletzt errichtete und am besten erhaltene der Foro Imperiali (www.capitolium.org), das Trajansforum, 11 **Foro di Traiano**, auch ohne Eintritt zu zahlen von der Straße aus betrachtet werden (Eingang: Via IV. Novembre 94, Di.–So. 9.00–19.00 Uhr). Annähernd 80000 Kubikmeter Erde mussten in den Jahren 107 bis 113 bewegt werden, um dieses Forum zu errichten. Die Trajanssäule, 12 **Colonna di Traiano**, bezeichnet die Höhe der für das Forum abgetragenen Erde. In ihrem Sockel wurde die Asche des Kaisers in einer goldenen Urne aufbewahrt, die Relieftafeln der aus 17 Marmorblöcken zusammengesetzten, im Jahr 113 fertiggestellten Säule illustrieren den Feldzug der kaiserlichen Truppen gegen die Daker, das die Säule krönende Standbild des Kaisers ließ Papst Sixtus V. 1587 durch eine Petrusstatue ersetzen. Als Vorläufer moderner Einkaufszentren kann man die im frühen 2. Jh. zwischen dem Trajansforum und den letzten Ausläufern des Quirinals entstandenen **Trajansmärkte** (www.mercatiditraiano.it) bezeichnen. Rund 150 Ladenlokale und Büros gab es dort einst. Von fast allen erhöhten Punkten der Stadt unübersehbar ragt neben dem Trajansforum das zuckerweiße 13 **Monumento Nazionale A Vittorio Emanuele II** in die Höhe, das von den meisten Römern selbst eher wenig geschätzte Denkmal zu Ehren der Einigung Italiens und des Vittorio Emanuele, der seit 1849 als konstitutioneller Monarch über das Königreich Piemont-Sardinien herrschte und 1861 offiziell König des geeinten Italien wurde. Das Augustusforum, 14 **Foro di Augusto** (Eingang: Piazza del Grillo 1), geht auf ein Gelübde des Kaisers zurück, das dieser im Jahr 42 v.Chr. vor der Schlacht von Philippi abgelegt hatte, aber erst 40 Jahre später erfüllen konnte: den Bau einer Anlage zu Ehren des Mars Ultor, des „rächenden Mars". Mittelpunkt des von Säulenhallen umgebenen Kaiserforums ist dementsprechend der Tempel des rächenden Mars.

RESTAURANT

Das € **B-OK** ist für einen schnellen Mittagslunch ideal – und deshalb auch bei Angestellten aus der Umgebung ziemlich beliebt. Nach 12.00 Uhr wird es in der Regel richtig voll (B-OK, Via Celsa 7, nahe der zentralen Straßenbahnhaltestelle beim Largo Torre Argentina, Tel. 06 8 30 82 74).

UNTERKUNFT

Das € € **Hotel Nerva** liegt nur eine Gasse hinter den Kaiserforen (Via Tor de Conti 3, Tel. 06 6 78 18 35, www.hotelnerva.com).

15 Campidoglio

Auf Roms berühmtestem Hügel, dem **Campidoglio** TOPZIEL (Kapitol), im Altertum das politische und religiöse Zentrum der Stadt, standen einst die Tempel des Jupiter Optimus Maximus Capitolinus und der Juno Moneta – genau da, wo sich heute der Konservatorenpalast und die Kirche Santa Maria in Aracoeli befinden.

SEHENSWERT/MUSEUM

Der in den Jahren 1547–1605 unter den Baumeistern Michelangelo, Giacomo della Porta und Girolamo Rainaldi errichtete Senatorenpalast, **Palazzo Senatorio**, ist heute der Sitz von Stadtrat und Bürgermeister (keine Besichtigung möglich). Michelangelos **Piazza del Campidoglio** ziert eine Kopie der Reiterstatue Marc Aurels; das im 2. Jh. aus Bronze gegossene Original steht heute in den Kapitolinischen Museen, **Musei Capitolini**, einer der wichtigsten Antikensammlungen der Welt (Piazza del Campidoglio 1, www.museicapitolini.org, Di.–So. 9.00–21.00 Uhr); untergebracht ist diese im **Palazzo dei Conservatori** und im **Palazzo Nuovo**. Zu der noch höher gelegenen Franziskanerkirche **Santa Maria in Aracoeli** (Via di Teatro di Marcello) führt eine steile Freitreppe, die „Himmelsleiter", hinauf.

RESTAURANT
Das € **Caffé Capitolino** ist fast noch ein Geheimtipp: Rechts auf den Gebäuden des Campidoglio vorbei geht es eine kleine Straße hinauf, im Palazzo Nr. 4 einfach eintreten – im 2. Stock gibt es ein Selbstbedienungscafé mit einer fantastischen Terrasse, von der man einen herrlichen Blick über halb Rom hat (Piazzale Caffarelli 4, nur tagsüber geöffnet).

16 Terme di Caracalla

Von der hoch entwickelten Badekultur der Römer zeugen die im Jahr 206 unter Kaiser Septimius Severus begonnenen, 216 von Caracalla eröffneten und nach ihm benannten Thermen.

SEHENSWERT
Wo die einen (oben) freiwillig schwitzten, kamen die anderen (unten) unfreiwillig ins Schwitzen: Das unterirdische Umluftsystem der Thermen mussten Hunderte von Sklaven in Gang halten. Rund 1600 Besucher konnten in 16 **Terme di Caracalla** gleichzeitig ihr Bad genießen, die wie ein modernes Freizeitzentrum nicht nur der Körperpflege, sondern auch dem Vergnügen dienten (Via delle Terme di Caracalla 52, tgl. geöffnet bis 1 Std. vor Sonnenuntergang). Ein besonderes Erlebnis ist es, wenn an warmen Sommerabenden das Caldarium zur Opernbühne wird (Tel. 06481601, www.operaroma.it).

17 San Giovanni in Laterano

Für geistige Reinheit steht Roms Bischofskirche San Giovanni in Laterano.

SEHENSWERT
„Haupt und Mutter aller Kirchen der Stadt und des Erdkreises" ist 17 **San Giovanni in Laterano**, als Bischofskirche des Papstes für Katholiken sogar ranghöher als die Peterskirche. Diese erste christliche Basilika Roms geht in ihrem Ursprung auf einen bereits im 4. Jh. im Auftrag von Kaiser Konstantin errichteten Bau zurück. Im 17. Jh. erneuerte Borromini Teile des Kircheninneren im Geschmack der Zeit, im 18. Jh. wurde eine Fassade vorgeblendet (Piazza S. Giovanni in Laterano, tgl. 7.00–18.30 Uhr). Die Kirche steht an der Südseite des **Lateranspalastes**, der bis zum Beginn des 13. Jh. als Papstresidenz diente.

18 Scala Santa

Auf den Spuren des Erlösers wandeln kann man auf der „Heiligen Treppe" (Scala Santa).

SEHENSWERT
Gegenüber dem Lateranspalast ist die 18 **Scala Sancta** das Ziel vieler christlicher Pilger, da Jesu Füße ihre Stufen berührt haben sollen, als man ihn zu Pontius Pilatus führte. Die heilige Helena ließ die Treppe im Jahr 326 nach Rom bringen.

Genießen Erleben Erfahren

DuMont Aktiv

Coole Touren zur Kultur

Bei individuellen Stadtführungen wird der Blick für das kleinste Detail geschärft, was den Teilnehmern den Sinn für das große Ganze schärft. Alessandro Canestrini ist Südtiroler, er hat Kunstgeschichte in Wien studiert und gründete in Rom mit anderen zusammen RomaCulta, spezialisiert auf Kulturspaziergänge.

Da wird die Kultur zur cool(en) Tour: Canestrini weiß die Antworten meistens schon, bevor Sie gefragt haben. Die Antike habe fünf Jahrhunderte gedauert und sei vielschichtig, im Wortsinn: Erhalten habe sich, was überbaut wurde und später ausgegraben werden konnte oder was christianisiert wurde – „Sehen Sie die Figur auf der Traianssäule?!" Der heilige Petrus wurde auf die römische Säule gestellt, und so steht sie bis heute. Oder: Das alte Rom als Steinbruch. Säulen und Marmorblocks wurden verbaut, weil ihr materieller Wert mehr geschätzt wurde als der künstlerische.

Canestrini führt seine Schar in einen Innenhof, da plätschert ein Brunnen. Das war mal ein Sarkophag, sagt er und datiert anhand der Frisur der darauf abgebildeten römischen Dame das gute Stück. Wenn bei Bauarbeiten etwas gefunden wird, kommt das Denkmalamt, schaut es sich an, inventarisiert, katalogisiert; wenn es nur Alterswert hat, wie dieser Sarkophag, aber keinen Kunstwert, kann es am Fundort bleiben. Canestrini bleibt vor einem verschachtelten Haus stehen, zeigt auf seine Ecken und Kanten und ruft aus: „Frühe Antike, späte Antike, schlampiges Mittelalter, Barock, und dann die Neuzeit, alles an einem Häuserblock – willkommen in Rom!"

Weitere Informationen

Was Roma Culta organisiert Kulturspaziergänge zu diversen Themen.

Wie viel Dreistündige Touren kosten für eine Gruppe bis fünf Personen rund 150 Euro, mit Kindern oder für größere Gruppen erfährt man die Preise auf Anfrage. Roma Culta versucht, Familien, die weniger Geld ausgeben wollen, mit anderen Familien mit gleichaltrigen Kindern zusammenzulegen.

Kontakt RomaCulta, Tel. 0039 33 87 60 74 70, www.romaculta.it

Oben und unten: Kulturspaziergang mit Alessandro Canestrini in Santa Pudenziana.

Wie im Himmel, so auf Erden

Der Staat der Vatikanstadt, *Stato della Città del Vaticano*, ist mit nur 0,44 km² Fläche und weniger als 1000 Einwohnern der kleinste Staat der Welt. Zum Staatsgebiet gehören neben dem Petersplatz und der Peterskirche die Vatikanischen Gärten, mehrere exterritoriale (auf italienischem Staatsgebiet liegende) Kirchen und Paläste in Rom sowie der päpstliche Sommersitz in Castel Gandolfo. Als Zahlungsmittel dient der Euro, obwohl der Vatikan kein Mitglied der EU ist – und das ist nicht die einzige Auffälligkeit dieser winzigen Enklave.

Mit einer überbauten Fläche von rund 15 000 Quadratmetern gehört die ab dem Jahr 1506 errichtete Peterskirche zu den größten Gotteshäusern der Welt.

Das von Kaiser Hadrian (76–138) für sich selbst erbaute Mausoleum verwandelten die Päpste ab dem 9. Jahrhundert sukzessive in eine Fluchtburg. Vom 14. Jahrhundert an verband ein unterirdischer Geheimgang die Engelsburg mit dem Papstpalast.

Blick über den Tiber hinweg auf die Ponte Vittorio Emanuele II und die Peterskirche: „Rom wollte immer herrschen, und als seine Legionen fielen, sandte es Dogmen in die Provinzen." (Heinrich Heine)

Ganz oben: Von der Kuppel der Peterskirche aus gesehen erschließen sich erst die gewaltigen Dimensionen des sich zu ihren Füßen ausbreitenden Petersplatzes.

„Die Diener der Kirche müssen vor allem Diener der Barmherzigkeit sein."

Papst Franziskus

Der Vatikan ist eine absolute Wahlmonarchie – das gibt es sonst nur noch in Malaysia und den Vereinigten Arabischen Emiraten. Zudem ist der Vatikan eine der letzten antikapitalistischen Staatsformen, mit einem Katholikenanteil von 100 Prozent: Im gesamten Staat gibt es keinen privaten Grundbesitz, Wohnungen werden den Bürgern für die Dauer ihres Amtes zugeteilt. Das gilt auch für die Armee des Vatikan: exakt 110 Schweizergardisten, deren Uniformen eher schmuck als praktisch zu nennen sind und die, so schön die weitverbreitete Legende auch klingt, wohl eher nicht von Michelangelo entworfen wurden.

Real, irreal – ganz egal

Ob der Papst als Oberhaupt der römisch-katholischen Kirche unfehlbar ist, wie es im Sommer 1870 während des Ersten Vatikanischen Konzils zum Dogma erhoben wurde, mag (auch) eine Frage des Glaubens sein – unanfechtbar schön ist jedenfalls der Petersplatz in der abendlichen Dämmerung. Ein nachtblau leuchtender Himmel und der warme Schein der Straßenlampen geben ihm den Anschein eines in Berninis Säulen eingefassten Hologramms, das zu verschwinden droht, sobald man es betritt. Doch dem ist nicht so: Tatsächlich hat der Vatikan zwei Daseinsformen – eine reale, in der hiesigen Welt verankerte, und eine irreale, jenseitige, auf einer Metaebene fußende. Ein ideelles Konstrukt, das Risse bekommt, wenn es in der realen Welt des Alltags bestehen muss. Dass dieser Alltag aber auch von fast überirdisch schön anmutenden Bauten und Kunstwerken geprägt wird, macht die Verwirrung erst komplett und erklärt die Anziehungskraft des Vatikans: Allein die Vatikanischen Museen verzeichnen Jahr für Jahr rund viereinhalb Millionen Besucher.

Wissenschaft und Glaube

Vor seiner Zeit als Papst war Kardinal Joseph Ratzinger Chef der Glaubenskongregation, deren vornehmste Aufgabe der „Schutz der Kirche vor abweichenden Glaubensvorstellungen" ist. Das klingt vermutlich freundlicher, als es ist, denkt man etwa an den berühmten Fall des Galileo Galilei: Der 1564 in Pisa geborene Mathematiker, Physiker und Philosoph hatte „behauptet", dass die Erde um die Sonne kreise und nicht umgekehrt. Daraufhin wurde ihm von der Inquisition als Vorläuferbehörde der heutigen Glaubenskongregation der Prozess gemacht: 1633 musste Galileo seinem „Irrtum" abschwören, um dem Scheiterhaufen zu entgehen. Erst 1992, mehr als 300 Jahre später, verkündete Papst Johannes Paul II., die Kirche habe sich geirrt. Im Jahr 2008 wurde dann ein lebensgroßer

Rund 60 000 Menschen fasst der riesige Innenraum der Peterskirche. Im Kuppelraum, genau über dem mutmaßlichen Petrusgrab, steht der Papstaltar, den Bernini in den Jahren 1624 bis 1633 mit einem 29 Meter hohen Bronzebaldachin krönte.

Bernini gestaltete auch den in den Jahren 1656 bis 1667 angelegten Petersplatz mit seinem aus 284 Einzelsäulen gebildeten Kolonnadengang, auf dem die Statuen von 140 Heiligen aufgestellt sind.

Special

Michelangelos Pietà

Maria und ihr Sohn

Die Anmut des Werkes „durchdringt" auch das Panzerglas, das die Pietà heute schützt.

Zu den bedeutendsten Kunstwerken im Petersdom zählt Michelangelos Pietà. Seltsam nur: Diese Maria ist jünger als Jesus, ihr Sohn.
Das entsprach offenbar dem künstlerischen Willen. So soll Michelangelo zu einem Freund gesagt haben: „Weißt du nicht, dass die keuschen Frauen sich viel länger jung erhalten als die unkeuschen?" Zudem sei die Blüte der Jugend auch dadurch glaubhaft, dass diese durch göttliche Macht bewirkt wurde, „um der Welt die Jungfräulichkeit und immerwährende Reinheit der Mutter zu bezeugen". Bei Jesus sei das Gegenteil notwendig gewesen: „... da ich zeigen wollte, dass der Sohn Gottes wahrhaft menschliche Gestalt annahm ..., war es nicht notwendig, durch das Göttliche das Leibliche zurückzuhalten, sodass er jenes Alter aufweist, das er wirklich hatte."

Marmor-Galilei in den Vatikanischen Gärten aufgestellt, die übrigens mehr als die Hälfte der Gesamtfläche des Vatikanstaats ausmachen. Ob dort auch irgendwann mal eine Statue an Robert Edwards erinnern wird, erscheint derzeit noch zweifelhaft: Der britische Physiologe erhielt 2010 den Nobelpreis für Medizin – für seine Pionierleistungen auf dem Gebiet der künstlichen Befruchtung. „Vollkommen deplatziert" fand diese Preisvergabe der amtierende Präsident der (erst im Jahr 1994 gegründeten) Päpstlichen Akademie für das Leben, Ignacio Carrasco de Paula. Für die Kurie sei es ethisch unannehmbar, die Fortpflanzung vom personalen Kontext des ehelichen Aktes zu trennen.

Kunst und Kirche

Eine recht fruchtbare Beziehung hat der Vatikan dagegen zu den schönen Künsten. Seit Papst Julius II. 1506 den Grundstein zur neuen Peterskirche legte, sind Vatikan und Kunstschaffende eng miteinander verbandelt. Erst in der Neuzeit riss der Faden: Die katholische Kirche habe die zeitgenössische Kunst bislang nicht genügend beachtet, meinte der Erzbischof und Kulturminister des Vatikan, Gianfranco Ravasi, auf einer Pressekonferenz und forderte „eine neue Allianz zwischen Kunst und Kirche". Wie

Für die sogenannten Stanzen, die päpstlichen Gemächer im Vatikan, schuf Raffael „Die Schule von Athen“ (1510–1511).

Blick von der Kuppel der Peterskirche in die Vatikanischen Gärten: Manchmal soll man den Papst dort beim Spazierengehen sehen.

Skulpturengalerie in den Vatikanischen Museen: Die größte Kunstsammlung der Welt versammelt Schätze vom Alten Orient und der Antike bis zur Moderne, von altägyptischen und etruskischen Objekten bis zur modernen sakralen Kunst.

Die doppelläufige Spiraltreppe von Giuseppe Momo (1932) markiert das Ende einer Besichtigung der Vatikanischen Museen.

„Zwei leere Flaschen, die einmal Blutkonserven enthielten, ein wenig Draht und Holz. Diese Kreuzigungsgruppe gehört in einen sakralen Raum, nicht ins Museum."

Gianfranco Ravasi, Präsident der Päpstlichen Kommission für die Kulturgüter der Kirche, über ein Kunstwerk von Joseph Beuys

eine solche Allianz aussehen könnte, davon konnte man sich 2013 einen Eindruck machen, als der Vatikan erstmals einen eigenen Pavillon auf der Kunstbiennale in Venedig „bespielte". Der Beitrag des Vatikans hatte das Thema „Die Schöpfung". Gestaltet wurde der Pavillon vom tschechischen Fotografen Josef Koudelka, dem australischen Maler Lawrence Carroll und einem italienischen Videokünstler des Mailänder Studios Azzurro.

Micol Forti, Leiterin der zeitgenössischen Sammlung der Vatikanischen Museen, erklärte, zeitgenössische Kunst beschäftige sich nur wenig mit dieser Thematik, Ankäufe moderner Kunst seien nach wie vor selten. So hätte die Kirche in den 1960er-Jahren die „Kreuzigung" von Joseph Beuys erwerben können, meinte Ravasi in einem Interview mit der FAZ und fügte hinzu: „Das wäre ein großes Zeichen gewesen. Zwei leere Flaschen, die einmal Blutkonserven enthielten, ein wenig Draht und Holz. Diese Kreuzigungsgruppe gehört in einen sakralen Raum, nicht ins Museum."

Geld und Gold

Zu den Haupteinnahmequellen des Vatikan zählen Immobilien. Rund 10 000 Hotelbetten gehören der Kirche. Zudem macht der Vatikan gern in Gold, nicht nur, was Kirchenschmuck anbelangt – die Barren lagern in New York. Selbst in Zeiten der Weltwirtschaftskrise spendeten Gläubige zuletzt rund 65 Millionen Euro an den Vatikan – in Form des sogenannten Peterspfennigs. Doch der Vatikan ist – manchmal – wählerisch. Nach dem FIFA-Korruptionsskandals verzichtete er 2015 auf Spenden des südamerikanischen Fußballverbandes. Das vom Papst Franziskus gegründete Programm Scholas Occurrentes zur Förderung von Kindern sollte für jedes Tor und jeden gehaltenen Elfmeter beim America-Cup je 10 000 Dollar erhalten. Selbst Geld spenden wird der Vatikan nach der EXPO in Mailand: Der Vatikan will die in seinem Expo-Pavillon eingenommenen Spenden Flüchtlingen im Nahen Osten zukommen lassen.

Im Herbst 2010 ermittelte noch die italienische Staatsanwaltschaft gegen die Vatikanbank. Just deren Chef soll nämlich in Geldwäschegeschäfte verwickelt sein: Die Ermittlungen führten zur Entlassung der Führung der Vatikanbank, Millionen Euro wurden eingefroren. Im Zuge der angekündigten Transparenzoffensive von Papst Franziskus geriet das Institut in den Fokus des Heiligen Stuhls. 2013 nahm dann die italienische Polizei Monsignore Nunzio Scarano fest. Der hochrangige Geistliche soll Bankkonten geplündert haben. Es ist schon ein Kreuz mit der Welt.

Unsere Lieblings-Eisdielen

Eis, Eis, Baby!

Exotische Sorten sind out, Klassiker wie Erdbeer und Schokolade gehen immer. Dennoch reichen Roms Eisdielen auch abenteuerliche Geschmacksrichtungen wie Pepperoni und Gorgonzola über die Theke. Weil die Gelati so gut schmecken, will der Handwerkerverband Confartigianato sie bei der EU als *Specialità tradizionali garantiti* (Garantierte traditionelle Spezialität) schützen lassen.

1 Antica Gelateria Giolitti

Die elegante Antica Gelateria Giolitti residiert seit 1900 in der Nähe des Parlamentssitzes Montecitorio und sieht noch fast so aus wie damals. Angefangen hatte das Familienunternehmen mit einem Lädchen, das Milch aus dem Umland anbot. Heute ist der Laden groß, berühmt und immer voll. Wie in allen großen Gelaterias bezahlt man zunächst am Eingang an der Kasse, erst dann gibt's das Eis. Berühmtester Eisbecher ist die *Coppa Olimpica*, ersonnen, als 1960 die Olympischen Sommerspiele in der Stadt stattfanden. Dessen Form soll an die Olympische Fackel erinnern.

Via Uffici del Vicario 40, www.giolitti.it

2 Kappa Due

Im Stadtteil San Giovanni gelegen, bietet diese kleine Eisdiele auch Süßgebäck an. Gründer war der Sizilianer Franco aus Palermo, der in den 1970er-Jahren nach Rom kam. Heute wird die Gelateria vom Sohn Walter geführt. Wer sich wundert, warum viele Eisdielen in Italien K2 heißen: der zweithöchste Berg der Welt heißt K2, *Kappa Due*, und er wurde von Italienern ersterstiegen: eine Art gigantischer Eisbecher.

Via Britannia 49, www.facebook.com/GelateriaK2Roma?fref=ts

3 Palazzo del Freddo Giovanni Fassi

Schon der Name verheißt Abkühlung: Palast der Kälte. Vor 130 Jahren gründete die Familie Fassi diese römische Eisfabrik im Esquilino-Viertel; nach der Einigung Italiens war das eine elegante Gegend. Den Palazzo del Freddo darf man sich nicht wie eine schnuckelige Eis-Manufaktur vorstellen, es ist eine kühle Bahnhofshalle für Gelati-Abhängige. An der Theke stehen Trauben von Menschen an, eine 17-köpfige Belegschaft füllt Waffeln und Becher und packt Eis zum Mitnehmen in kleine Pakete. Fassis Spezialität sind die *Sanpietrini*. So heißt in Rom das Kopfsteinpflaster, so nannte Fassi sein Eiskonfekt: Zabaione-Eis mit dunkler Schokolade überzogen.

Via Principe Eugenio 65, www.palazzodelfredddo.it

4 Fatamorgana

Aubergine und Basilikum sind derzeit weniger gefragt als die klassischen Sorten. Aber Roms kleine Eisdielenbesitzer bleiben erfinderisch. So darf man sich auch hier auf Überraschungen freuen. Mal gibt es Schoko-Tabak-Eis, mal Gorgonzola; die Farben lassen einen tatsächlich an eine Fatamorgana denken. Ein Hinweis für Allergiker: Das Eis ist glutenfrei.

Piazza degli Zingari 5 und an sechs weiteren Verkaufsstellen, www.gelateriafatamorgana.it

5 Grattachecca della Sora Lella

Eine *Grattachecca* ist eine speziell römische Variante der Eisbude, ein historisches Exemplar aus den 1930er-Jahren die Grattachecca Sora Lella. In dem Kiosk an der Außenmauer des Vatikan wird der große Eisblock noch von Hand in die Gläser gekratzt (ital. *grattare*). Darüber kommt Fruchtsirup, etwas Obst. Fertig. Wer nun denkt: Aha, Granita! Ganz falsch, In der Grattachecca werden die Sirups und Säfte erst nach der Eiszubereitung hinzugefügt. Bei der Granita dagegen werden Wasser, Säfte und Zucker gemischt, dann gefroren und zuletzt zerkleinert.

Via di Porta Cavalleggeri

6 Del Teatro

Charmante kleine Eisdiele, die etwas versteckt liegt und doch so bekannt ist, dass man am Eingang erst mal eine Wartenummer ziehen muss. So hat man Zeit, das ausführliche Angebot zu studieren. Was darf es denn dieses Mal sein: Himbeer-Salbei vielleicht oder doch lieber Weiße Schokolade-Basilikum? Und noch ein Pluspunkt: Man kann zusehen, wie im Hinterzimmer das Eis gemacht wird.

Via dei Coronari 65

7 Cremeria Aurelia

Glutenfrei, lactosefrei, für Veganer, Bio-Qualität – diese Eisdiele hat an alle potenziellen Eisfreunde gedacht. Um Geschmack geht es aber auch. So beim Schokoladeneis mit rumgetränkten Pflaumen. Dem Rosenblättereis. Dem Eis mit Wasabi. Moment, mit Wasabi? Ja genau.

Via Aurelia 398c

8 Tropical Ice Gelateria

Und um noch einen drauf zu setzen: Hier sind sogar die Eistüten glutenfrei. Reingekugelt wird dann Orangen-Schokolade-Eis. Eis mit Haselnüssen aus dem Piemont. Oder mit Walderdbeeren. Genau die richtige Unterbrechung, wenn man auf der langen, geraden Via Nomentana genug hat vom Shopping.

Via Nomentana 115

9 Fiocco di neve

„Schneeflocke" heißt diese Gelateria. Das Besondere ist aber ein Hinweis am Eingang, den es auch bei einigen weiteren Eisdielen gibt: *Gelato sospeso*. Eine Aktion, die als *Café sospeso* nach dem Zweiten Weltkrieg in Neapel begann. Nach dem Motto „Nimm eines, zahl zwei" bezahlt der Kunde zwei Eis: eines für sich – und das zweite für ein unbekanntes Kind. Gelebte, unkomplizierte Hilfsbereitschaft, bei der es um Lebensnotwendiges geht: ein Lächeln.

Via del Pantheon 51

TRIONFALE
1 Via Marsilio Ficino
2 Via Bern Varisco
CITTÀ DEL VATICANO
Musei Vaticani
Giardini Vaticani
San Pietro in Vaticano
P.za S.Pietro
Castel Sant'Angelo
Mausoleo di Adriano
Palazzo di Giustizia
Ara Pacis Augustae
Mausoleo di Augusto
P.za del Popolo
Piazza Cavour
P.za Cola di Rienzo
Via Cola di Rienzo
Viale Giulio Cesare
Via Ottaviano
Ottaviano-San Pietro
Cipro-Musei Vaticani
Lepanto
Flaminio
Risorgimento
P.za del Risorgimento
Via d. Conciliazione
Lgt. Tor di Nona
Corso Vittorio Emanuele II
Chiesa Nuova
Navona
Argentina
Campo de' Fiori
Pal. Farnese
Isola Tiberina
Zona extraterritoriale della Santa Sede
M. Gianicolo
Orto Botanico
Villa Farnesina
Carcere Regina Coeli
Villa Abamelek
Villa Doria Pamphili
Villa Sciarra
TRASTEVERE
AURELIO
Monti della Creta
Fiume Tevere
Via Aurelia
Via Gregorio VII
Viale Trastevere
1 2 3 4 5 6 7 8
Maßstab 1:15.000
0 300m

Urbi et orbi – et impera

Bis zum Jahr 1870 war der Kirchenstaat ein selbstständiges Territorium des Papstes. Danach wurden die päpstlichen Besitztümer vom frisch vereinigten Königreich Italien okkupiert, erst mit den 1929 unterzeichneten Lateranverträgen kam es zur Aussöhnung von Kirche und Staat. Der Papst wurde zum „Souverän des Staates der Vatikanstadt" und die Città del Vaticano zum unabhängigen Vatikanstaat.

1 Piazza San Pietro

Bühne frei für einen der eindrucksvollsten Plätze der Welt, im 17. Jh. geschaffen von Bernini als Architektur der Superlative.

SEHENSWERT

Die **Piazza San Pietro** TOPZIEL ist zweigeteilt in eine 340 m lange, bis zu 240 m breite Ellipse und einen trapezförmigen Teil (Piazza Retta), der zur Kirche hin ansteigt. Bernini fasste das Oval mit vierfachen halbkreisförmigen **Kolonnaden** aus 284 Säulen und 88 Pfeilern ein, auf deren Balustrade 140 Heiligenfiguren stehen. Zwei prächtige, 14 m hohe Brunnen lassen das Wasser in Granitschalen rauschen. Im Pflaster neben den Brunnen links und rechts markieren zwei Metallscheiben die Brennpunkte der Ellipse: Stellt man sich dorthin, erscheinen je vier Säulen der Kolonnadenreihen als eine. Den ägyptischen Obelisken ließ Caligula im Jahr 37 nach Rom schaffen. Am südlichen Rand des Platzes liegt das Postamt; Postkarten mit vatikanischen Briefmarken können nur in Vatikanstadt aufgegeben werden, nicht in Rom. Richtung Tiber ließ Mussolini eine Schneise in die Altstadt hauen, die **Via della Conciliazione**, ein bauliches Symbol der Lateranverträge.

Oben: Das Dach der Peterskirche kann man besichtigen. Rechts oben: Immer am Platz – die Schweizergarde. Darunter: Architektur der Superlative – der Petersplatz.

2 San Pietro in Vaticano

Die berühmteste Kirche der Christenheit, **San Pietro in Vaticano** TOPZIEL (tgl. 7.00–18.30, April–Sept. bis 19.00 Uhr) ist dem Apostel Petrus gewidmet. Bereits in den Jahren 315 bis 349 entstand über dem mutmaßlichen Apostelgrab eine erste Peterskirche, gebaut unter Kaiser Konstantin. Während des Exils der Päpste in Avignon (in den Jahren 1309 bis 1417) verfiel sie, im 15. Jh. wurde der ab 1506 intensiv vorangetriebene Neubau beschlossen. Der erste Entwurf stammte von Bramante, im Jahr 1547 übernahm dann Michelangelo die Bauleitung. Auf den damals 72-Jährigen geht vor allem die Kuppel zurück, deren Tambour noch vor seinem Tod (1564) fertiggestellt wurde. An der Ausgestaltung waren neben den Architekten Bramante und Sangallo als Maler Michelangelo und Raffael sowie als Bildhauer Bernini und Maderno beteiligt.

SEHENSWERT

Von der auch Mittelloggia genannten **Benediktionsloggia** in der rund 45 m hohen und knapp 115 m breiten Fassade der Peterskirche wird nach der Papstwahl der Name des jeweiligen Nachfolgers auf dem Stuhl Petri verkündet; von dort spendet der Papst auch den Segen „urbi et orbi" (Stadt und Erdkreis). In der Vorhalle stehen Berninis Reiterstandbilder Karls des Großen und Konstantins. Rechts liegt der Eingang zur **Porta Sancta**, die nur im Heiligen Jahr geöffnet wird (in der Regel alle 25 Jahre; das nächste Mal regulär im Jahr 2025, doch im März 2015 kündigte Papst Franziskus ein außerordentlichen Heiliges Jahres an: Dieses „Jubiläum der Barmherzigkeit" beginnt am 8. Dezember 2015 und endet am 20. November 2016. Unweit von ihr kann man in der ersten Seitenkapelle des rechten Seitenschiffs Michelangelos **Pietà** (1499) bewundern. An der Bronzestatue des Apostels Petrus (13. Jh.) haben Gläubige mit ihren Küssen und Berührungen den rechten Fuß blank gewetzt. Das **Petrusgrab** unter der Confessio mit 95 vergoldeten Öllampen ist Mittelpunkt der Kirche. Darüber erhebt sich der **Papstaltar** mit Berninis 29 Meter hohem Bronzebaldachin (1624–1633). Bernini schuf auch die **Cathedra Petri** (1666) in der Apsis, dieser Bronzethron umschließt einen Holzsitz, auf dem Petrus gesessen haben soll. Links vor dem Hauptaltar befindet sich die Schatzkammer, **Museo del Tesoro**, rechts gelangt man zu den **Grotte Vaticane** mit den Gräbern zahlreicher Päpste (beide Eingang Piazza San Pietro, April–Sept. tgl. 7.00–18.00, Okt. bis März bis 17.00 Uhr, www.vatican.va). Michelangelos Kuppel ziert in 2 m hohen Lettern ein Zitat aus dem Matthäus-Evangelium: „Du bist Petrus, und auf diesen Felsen werde ich meine Kirche bauen, und dir gebe ich die Schlüssel zum Him-

Oben: Blick vom Dach der Peterskirche auf die Vatikanischen Gärten und Museen. Rechts: die biblische Bilderwelt der Sixtinischen Kapelle.

melreich." Es empfiehlt sich, die **Kuppel** zu erklimmen (330 Stufen) – am besten früh morgens (ab 8.00 Uhr), wenn noch keine Menschenschlangen warten. Der Friedhof **Camposanto Teutonico** südlich der Kirche war im Mittelalter letzte Ruhestätte für in Rom verstorbene Deutsche; besichtigt werden kann er nach dem Vorzeigen des Personalausweises bei der Schweizergarde.

UNTERKUNFT

Wohnen „wie echte Römer" kann man gleich hinter dem Vatikan in einem der Apartments im € **Romahouse** (Via Gregorio VII 141, Tel. 06 63 20 37, www.romahouse.com).

3 Musei Vaticani

Schon die Renaissancepäpste interessierten sich für antike Kunst und sammelten diese sowie zeitgenössische Werke.

SEHENSWERT

Nicht mal ein ganzer Tag würde für die Besichtigung des gesamten Komplexes der **Musei Vaticani** TOPZIEL ausreichen, deshalb sollte man sich auf einige Highlights konzentrieren, um nicht an kompletter Reizüberflutung zu ermatten. Hier eine kleine Auswahl zur ersten Orientierung. Das **Museo Pio Clementino** zeigt antike Skulpturen; Höhepunkte sind die Laokoon-Gruppe und der Apoll von Belvedere. Das **Museo Gregoriano Egizio** präsentiert Kunst aus Ägypten, das **Museo Gregoriano Etrusco** eine Sammlung etruskischer Kunst aus den Grabanlagen. Hübsch ist die **Galleria delle Carte Geografiche** aus dem 16. Jh. mit riesigen Panoramakarten. Man durchwandert sie auf dem Weg zu den im Jahr 2000 renovierten Stanzen des Raffael, den einstigen Privatgemächern von Papst Julius II., der den damals erst 25-jährigen Raffael 1508 mit der Dekoration beauftragt hatte. Die **Collezione d'Arte Religiosa Moderna** umfasst eine Sammlung moderner Kunst, die **Biblioteca Apostolica Vaticana** birgt eine der wertvollsten Sammlungen alter Handschriften und Inkunabeln. In der **Pinacoteca** sind u.a. Werke von Raffael, Leonardo da Vinci und Tizian zu sehen. Absolutes Highlight jeder Besichtigung ist die 1475 unter Sixtus IV. erbaute **Cappella Sistina**, in der das Konklave zur Papstwahl stattfindet. In den Fresken kulminiert die Kunst der Renaissance in Vollendung. Die Seitenwände wurden von Botticelli, Perugino, Signorelli und Pinturicchio gestaltet. Das Deckenfresko und die Darstellung des Jüngsten Gerichts an der Altarwand stammen von Michelangelo. Wie farbenprächtig seine Kunst ist, brachte die Restaurierung in den 1980er-Jahren erneut zum Vorschein (Eingang: Viale Vaticano, Mo.–Sa. 9.00–18.00, letzter Einlass um 16.00 Uhr; jeden letzten So. im Monat 9.00–14.00 Uhr freier Eintritt). Karten können auch online reserviert werden, das erspart die lange Wartezeit (http://biglietteria musei.vatican.va).

4 – 5 Borgo und Prati

Vom Vatikan bis zur Engelsburg erstreckt sich der Stadtteil Borgo, nördlich der Engelsburg schließt sich auf dem Gelände der einstigen Prati del Castello (Burgwiesen) der nach ihnen benannte Stadtteil Prati an.

SEHENSWERT

Die Engelsburg, 4 **Castel Sant'Angelo** TOPZIEL, am Tiberufer ließ Kaiser Hadrian (Reg. 117–138) in den letzten Jahren seiner Regentschaft als Mausoleum für sich und seine Nachfolger errichten; vollendet wurde dieses im Jahr 193 unter Kaiser Septimius. Zwei Jahrhunderte später wurde es zur Festung umgebaut; nach einer Vision Papst Gregors im Jahr 590, dem ein Engel auf der Burg erschienen sein soll, bekam es den Namen Engelsburg. In gefährlichen Zeiten flüchteten die Päpste durch den **Passetto** – einen bis heute bestehenden, den Vatikan mit der Engelsburg verbindenden Fluchtweg – hierher. Der „Passetto" an der **Via dei Corridori** ist im Juli und August an manchen Tagen und Abenden geöffnet (wechselnde Öffnungszeiten, Infos: www.romeguide.it/visite guidate/passettodiborgo/passettodiborgo.php). Besonders hübsch: der nächtliche Spaziergang von der erleuchteten Engelsburg aus. Der trutzige Bau wurde auch als Kerker genutzt; hier fanden die Prozesse gegen die (schließlich wegen Vatermordes vor der Engelsburg enthauptete) Beatrice Cenci und gegen den der Ketzerei beschuldigten, am Campo de' Fiori auf dem Scheiterhaufen verbrannten Philosophen Giordano Bruno statt. Heute ist die Engelsburg ein Museum, auch das **Mausoleum** kann besichtigt werden (Lungotevere Castello 50, Di.–So. 9.00–19.30 Uhr, www. castelsantangelo.com). Die im Jahr 134 eingeweihte Engelsbrücke, 5 **Ponte Sant'Angelo**, geht ebenfalls auf Kaiser Hadrian zurück, nach dem sie ursprünglich auch benannt war. Aus der Entstehungszeit erhalten sind noch die drei mittleren Arkaden. Ihren heutigen Namen erhielt die Brücke erst im 17. Jh., nachdem sie von Bernini und seinen Schülern mit zehn Engelsfiguren geschmückt wurde. Nur zwei dieser Skulpturen, den Engel mit dem Kreuzestitel und den mit der Dornenkrone, schuf Bernini selbst. Auf der Brücke sind diese beiden nur noch als Kopien zu besichtigen – die Originale stehen in der Kirche **Sant'Andrea delle Fratte**.

SHOPPING

Netten Krimskrams gibt es in **La Contea del Look** (Borgo Pio 31), große Namen wie Gucci und Max Mara findet man in der Shoppingstraße **Via Cola di Rienzo**.

Tipp

Caravaggio

„Nach ihm konnte die Malerei nicht mehr sein wie zuvor": So beschrieb der italienische Kunsthistoriker Giuliano Briganti die Ausnahmestellung von Michelangelo Merisi (1571–1610), der nach seinem bei Bergamo gelegenen Geburtsort „Caravaggio" genannt wird. Caravaggios Kunst der dramatischen Lichteffekte – der für ihn so typischen Chiaroscuro-(Hell-Dunkel-)Malerei – und des ihm ebenfalls ganz eigenen vitalen Realismus ist in Rom an vielen Orten zu bwundern: in den Kirchen Sant'Agostino, Santa Maria del Popolo, San Luigi dei Francesi (Abb. unten), im Museo e Galleria Borghese, in den Musei Capitolini, der Galleria Nazionale d'Arte Antica und in der Pinacoteca Musei Vaticani.

KUNSTFÜHRUNGEN ...
... auf den Spuren von Caravaggio: Buchung unter www.romaculta.it

RESTAURANTS

Kunstgalerie, Kochstudio und schickes Designer-Restaurant zugleich ist das € **Zi Gaetana** (Via Cola di Rienzo 263, Tel. 06 3 21 23 42, www.zigaetana.com, Pasta ab 10 Euro).
Ein Delikatessenladen mit kleinem Mittagstisch am Buffet ist das € **Compagnia del Pane** (Via Fabio Massimo 87, Tel. 06 3 24 16 05).
Pizza und Fisch gibt es in der € € **Trattoria Sora Franca** (Borgo Pio 127, Tel. 06 68 30 75 51, tgl. 10.00–14.00 Uhr, im Jan. geschlossen, Pizza ab 6 Euro).
Etwas moderner im Ambiente ist das € € **Il Pozzetto** (Borgo Pio 167, Tel. 0 66 86 94 31, www.ristoranteilpozzetto.com, Pasta ab 10 Euro).
Dolci und Pizza oder gefüllte Piadini auch zum Mitnehmen gibt es bei € € **Forno Feliziani** (Via Candia 61).
Im € € **Passetto di Borgo** (Borgo Pio 60, Tel. 06 68 80 39 57, www.alpassettodiborgo.it, Di. geschl., Spaghetti Vongole 9 Euro) sitzt am Nebentisch der Priester aus Brasilien mit dem Monsignore aus Kalabrien.

UNTERKUNFT

Hinter einer grünen, von Reben umrankten Fassade verborgen liegt das € € € € **Hotel Raphael** (Largo Febo 2, Tel. 06 68 28 31, www.raphaelhotel.com). Das Traditionshaus verfügt über zwei moderne Executive-Etagen, gestaltet vom amerikanischen Architekten Richard Meier. Von der Dachterrasse des Restaurants genießt man einen herrlichen Rundblick auf die Stadt.
Zwischen Vatikan und Engelsburg liegt das Hotel € € € **Atlante Star** (Via Vitelleschi 34, Tel. 06 6 87 32 33, www.atlantestarhotel.com) mit herrschaftlich plüschigen Zimmern. Im feinen Panorama-Dachrestaurant speist man Auge in Auge mit der Kuppel der Peterskirche.
Mit leicht angestaubtem Charme und günstigen Zimmern lockt das € € **Hotel della Conciliazione** (Borgo Pio 163, Tel. 066875400, www.hotelconciliazione.it).

6 – 8 Gianicolo

Der Gianicolo (siehe auch S. 20) beschert grandiose Blicke über die Stadt. Ein Spaziergang führt vom Vatikan aus auf den Hügel, man beginnt an der Piazza delle Rovere und folgt dem Treppenweg Salita S. Onofrio.

SEHENSWERT

Im 6 **Kloster Sant'Onofrio** aus dem 15. Jh. mit schönem Kreuzgang (9.00–18.30 Uhr) lebte der Dichter Torquato Tasso die letzten Jahre seines Lebens; er starb am 25. April 1595 und wurde hier begraben. Den Spaziergang im Grünen kann man westlich des Gianicolo in der 7 **Villa Doria Pamphili** (siehe S. 20) ausdehnen, mit rund 9 km² der größte Park Roms. Auch von Trastevere führt ein etwa halbstündiger Spaziergang auf den Gianicolo. Über die von der Porta San Pancrazio ausgehende Straße und die Passeggiata del Gianicolo gelangt man, begleitet von den Marmorbüsten italienischer Patrioten, zur 8 **Piazzale Garibaldi** samt Reiterstandbild des italienischen Freiheitshelden.

Genießen   Erleben   Erfahren

DuMont Aktiv

Mit dem Segway durch Rom

Am Anfang steht man etwas wackelig auf dem Ding. Theoretisch ist das zweirädrige Fahrzeug zwar selbstbalancierend, aber in der Praxis muss man erst einmal darauf vertrauen. So steht man auf der Plattform zwischen den beiden Rädern und hält sich etwas krampfhaft an der Lenkstange fest. Locker bleiben, sagt der Guide. Leicht gesagt. Doch genau so, nämlich mit lockerer Gewichtsverlagerung, lässt sich das Ding lenken.

Schon bald gleitet das futuristische Gefährt zu historischen Sehenswürdigkeiten. Über den Audioguide erfährt der Gast Details aus der Vergangenheit. Der leibhaftige Guide achtet darauf, dass die Fahrer die Gegenwart (sprich: den Straßenverkehr) nicht vernachlässigen. Immerhin tragen alle Helm, falls das Kopfsteinpflaster mal zu rau oder ein Mitfahrer unachtsam ist. Und bei Regen ist die Truppe kaum zu übersehen. Die gelben Regencapes flattern im lauen Fahrtwind. Wer Rom bei Nacht mit dem Segway erkunden möchte, der bekommt zur Sicherheit eine Warnweste verpasst.

Schön ist es, so am Kolosseum vorbei zu gleiten, durch das Rom der Kaiser oder das antike Rom zu schweben; schön ist es, mehr von der Stadt zu sehen, sich dabei aber kaum anstrengen zu müssen – es ist fast so, als würde man in einer Sänfte durch die Stadt getragen. Mit der Zeit werden die Gäste verwegener, winken dem Straßenpublikum zu, fahren mit nur einer Hand, und da blitzt ein Gedanke auf: Ist das nicht fast wie, nun ja, Ben Hur auf seinem Streitwagen?

Anbieter (Auswahl)

GetYourGuide
Für 75 Euro geht es drei Stunden durch das historische Rom, mit einem Audio-Guide auf Deutsch und einem Reiseführer, der die Runde leitet (www.getyourguide.de/rom- l33/segway-touren-tc6/)

Italy Segway Tours
Zweieinhalbstündige Nachttour für 65 Euro. (www.italysegwaytours.com/rometours.asp)

Rex Tours
bietet auch eine Trastevere-Runde an, ab 79 Euro (www.rex- tours.com/en/segway-tours/)

23.01
2011

Verblasste Mythen und moderne Kunst

Im Osten geht die Sonne auf – hier kommen jene Besucher an, die mit dem Zug in die Ewige Stadt reisen. Im Norden bleiben die Römer weitgehend unter sich. In den Parkanlagen der Villa Borghese erholt man sich vom Trubel in der Stadt, und wer sich für moderne Architektur interessiert, der findet etwas weiter nördlich in Fußweite noch mehr Attraktionen.

Zaha Hadids Museo Nazionale delle Arti del XXI Secolo (MAXXI) birgt in einem modernen Glaspalast moderne Kunst. Letzteres bezieht sich auf die Architektur genauso wie auf die Exponate.

Fontana di Trevi: Einmal im Leben möchte man hier gewesen sein. Mindestens. Dann ein paar Münzen hineinwerfen und – wiederkommen.

An der Piazza della Repubblica: Einst errichteten die Römer hier einen den kapitolinischen Göttern Jupiter, Juno und Minerva geweihten Tempel.

In der Via Daniele Manin, nordwestlich des Hauptbahnhofs: Eine Stadtbesichtigung mit der Straßenbahn ist spannender als die meisten „Citytouren".

Eine Abteilung des Museo Nazionale Romano beherbergt der Palazzo Massimo alle Terme, nordwestlich des Hauptbahnhofs.

Das Viertel rund um den 1860 eingeweihten Hauptbahnhof unterscheidet sich ziemlich vom Rest der Stadt. Hier winden sich keine Gassen im Häusermeer, hier schneiden im Eifer der italienischen Einigung geschlagene Prachtstraßen wie die Via XX. Settembre oder die Via Nazionale Schneisen durch Rom, zeugen repräsentative Plätze wie die Piazza della Repubblica, mehrstöckige Wohnblocks und Palazzi im historisierenden Stil von gewachsenem Selbstbewusstsein. Wer sich von der Piazza della Repubblica auf den Weg macht zur Fontana di Trevi, der staunt über die Wandlungsfähigkeit der Ewigen Stadt.

Roma Termini: Ein Ufo im Häusermeer

Der Bahnhof selbst, Roma Termini, war einst ein Hingucker – ein Ufo im antiken Trümmer-Rom. Das Weiß ergraute mit den Jahren, doch zum Heiligen Jahr 2000 renoviert, modernisiert und aufgehübscht sowie mit einem unterirdischen Einkaufszentrum ausgestattet, dem Forum Termini, verlor er sein Schmuddelimage weitgehend und zeigt sich nun großzügig wie ein Flughafenterminal.

Trotz – oder wegen – seiner Nähe zum Bahnhof konnte sich zumindest das zwischen Via Cavour und Via Nazionale eingeklemmte, in den letzten Jahren vielerorts sanierte Monti-Viertel noch einiges von seinem alten Charme erhalten. Zwar gleichen sich viele der neueren Boutiquen jenem international austauschbaren Stil an, wie man ihn in New York City genauso wie in Berlin-Mitte finden kann, aber hübsche Winkel gibt es noch immer, in denen neben dem jungen Traveller die Nachbarin auf den Stufen des Brunnens sitzt und Zeitung liest.

Das grüne Rom

Wem nach Natur zumute ist, der steigt im Norden die barocke Salita del Pincio zur Villa Borghese hinauf. In dieser historischen Parkanlage fahren keine Autos, aber patrouilliert berittene Polizei und gondeln Touristen auf ihren Leihrädern durch die Alleen. Es tut gut, sich

Piazza del Popolo: An der Südseite des Platzes erheben sich die beiden im 17. Jahrhundert entstandenen, den Eingang zur Via del Corso flankierenden „Zwillingskirchen" Santa Maria in Montesanto (links im Bild) und Santa Maria dei Miracoli.

Villa Medici: Die Gartenfassade des Mitte des 16. Jahrhunderts von Annibale Lippi im Stil römischer Landsitze errichteten Anwesens wurde mit bedeutenden antiken Fundstücken reich dekoriert. Heute wohnen und arbeiten hier französische Künstler und Musiker – Stipendiaten des Prix de Rome.

Im Café Canova lässt man sich den Blick auf die Piazza del Popolo teuer bezahlen. Drinnen an der Theke gibt's zwar keinen Blick auf den Platz – dafür ist der Kaffee dort wesentlich günstiger.

Anita Ekberg

Special

„Die einzige wahre Liebe ...“

Die Szene, in der die junge Schwedin Anita Ekberg samt ihrer großzügigen Kurven in den ebenso barocken Trevibrunnen steigt, ist legendär. Da vergaß offenbar selbst ein Marcello Mastroianni sein schauspielerisches Können.

„Er ist dreimal ins Wasser gefallen, und wir mussten wieder von vorne anfangen“, erinnerte sich die Schauspielerin in einem Interview für die italienische Tageszeitung La Repubblica an die Dreharbeiten. „Ein Albtraum.“ Gedreht wurde im Januar, es war kalt, sie zitterte. Man zwang sie, Cognac zu trinken, um weiter drehen zu können. Vielleicht hatte „die“ Ekberg deshalb in der Filmszene diesen somnambulen Gesichtsausdruck, der die Männerwelt entzückte. Nicht nur am Set: Gianni Agnelli war darunter, den Anita Ekberg als „die einzige wahre Liebe meines bitteren Dolce Vita“ bezeichnet. Drei Jahre lang habe sie mit dem verheirateten FIAT-Eigner eine Affäre gehabt, seufzte die Schwedin. Fellini immerhin sei vielleicht der beste Regisseur gewesen, meinte sie, mit dem sie jemals gearbeitet habe. „La Dolce Vita“ sei für sie die Geschichte einer verlorenen Generation, eines vergangenen Italien. Damals hätte es diese Lust, diesen unbedingten Willen gegeben, zu leben, die Leute kennenzulernen, zu kommunizieren. Die Freiheit, zu träumen.

Ikone der Filmgeschichte: „La Dolce Vita“.

hier im Schatten auf einer Bank niederzulassen, aber die reinste Idylle ist es auch nicht mehr: Immerhin liegt der bereits im 17. Jahrhundert angelegte Park heute inmitten der größten urbanen Ansiedlung des Landes. Es gibt Vandalismus, Marmorbüsten liegen am Boden, Rasenflächen sind verwüstet. „Italia Nostra“ hat zum Glück nichts mit der sizilianischen Cosa Nostra zu tun – es handelt sich um eine vor über 60 Jahren in Rom gegründete Non-Profit-Organisation, die von der Regierung fordert, die grünen Lungen der Stadt zu schützen. Da gibt es noch viel zu tun: in der Villa Borghese ebenso wie in der weiter nordöstlich gelegenen Villa Ada oder in der südwestlich vom Vatikan zu findenden sanfthügeligen Villa Pamphili.

Vergangene Zeiten: Via Veneto

Der schönste Zugang zur Villa Borghese führt über die geschwungene Via Veneto, eine Prachtstraße mit Jugendstilbauten, edlen Hotels und einst berühmten Cafés. Ach, was waren das noch für Zeiten, als sich das Süße Leben hauptsächlich auf der Via Veneto abspielte. In Fellinis 1960 in die Kinos gekommenem Filmklassiker war sie übrigens tatsächlich eine Kulisse: Weil am realen Ort nur nachts gedreht werden durfte, ließ der Regisseur die Straße in Cinecittà nach-

Kunst am Bau – Kunst im Bau: Das italienische Nationalmuseum für Kunst des 21. Jahrhunderts wurde von Zaha Hadid entworfen, deren Entwurf sich in einem international ...

Errichtet wurde das Museum auf einem ehemaligen Militärgelände.

... ausgeschriebenen Architekturwettbewerb gegen 273 andere Teilnehmer durchsetzen konnte. Zur Sammlung von „MAXXI art" gehören mehr als 300 Werke von Anish Kapoor, Mario Merz, Gerhard Richter und vielen anderen; „MAXXI architecture" zeigt Arbeiten namhafter Architekten.

Alle Wege führen zur: Kunst. In diesem Fall zur Kunst des 21. Jahrhunderts.

Den spektakulärsten Neubau Roms schuf Zaha Hadid, eine britische Architektin irakischer Herkunft.

bauen, was dem Mythos keinen Abbruch tat. Heute ist dieser Mythos weitgehend verblasst und die Via Veneto vor allem teuer: Für Pasta mit Tomaten aus Amalfi legt man schon mal 30 Euro hin.

Kunst und Architektur in XXL – Zaha Hadids MAXXI

Großer Auftritt für große Kunst: Mit dem „Museo nazionale delle arti del XXI secolo" (MAXXI) hat Rom endlich ein Museum für zeitgenössische Kunst, das selbst ein Kunstwerk ist und die Stadt auch architektonisch bereichert. Diesen spektakulärsten Neubau Roms schuf Zaha Hadid, eine britische Architektin irakischer Herkunft – und zwar gleich mit ihrer ersten Arbeit in Italien. Sie entwarf eine begehbare Skulptur mit wie von M. C. Escher ersonnenen Treppenaufgängen, verwirrend, aber leicht und schwebend zugleich.

Nach sechsjähriger Bauzeit wurde das Museum am 14. und 15. November 2009 mit einer choreografischen Ausstellung von Sasha Waltz eingeweiht – als Stipendiatin der Villa Massimo hatte die Deutsche zuvor die Baufortschritte vor Ort verfolgen können. Für den Ausstellungsbetrieb eröffnet wurde das Museum am 28. Mai 2010; gleich im darauffolgenden Oktober bekam es den Stirling Prize, die renommierte Architekturauszeichnung des Royal Institute of British Architects. Zudem erwies sich das MAXXI erfreulich schnell als Publikumsmagnet mit durchschnittlich 75 000 (auf das Haus wie auf die ausgestellte Kunst neugierigen) Besuchern. Das macht doch einige Hoffnung darauf, dass in Zukunft auch in Rom Architekturprojekte der Moderne zu modernen Objekten architektonischer Begierden werden können.

„Kakerlaken" und rostende Architekturdenkmäler

Das weiß leuchtende MAXXI mit seinen auffällig sanft geschwungenen Formen steht zwar glänzend, aber als neuzeitliches Novum nicht ganz allein da. Nur wenige Straßen weiter baute Renzo Piano sein Auditorium – eine von den Römern wegen ihres auffälligen Panzers abfällig „Kakerlake" genannte Konzerthalle. Auf halbem Weg dorthin rostet ein Architekturdenkmal der 1950er-Jahre vor sich hin, Pier Luigi Nervis „Sportpalästchen". Der Nachkriegsarchitekt, von dem auch das Pirelli-Hochhaus in Mailand und die Päpstliche Audienzhalle im Vatikan stammen, wird gerade erst wieder neu entdeckt. Eine der ersten Ausstellungen im MAXXI war ihm gewidmet: So schließt sich auch hier ein Kreis.

MIGRANTEN

„Die ganze Welt in einem Zimmer"

Wie sich die Bilder gleichen: Vor hundert Jahren saßen Italiener in New York City oder Buenos Aires und feierten unter sich Hochzeiten und andere Feste. Nicht anders als heute Bengalen, Chinesen oder Araber in Rom.

In der Via Principe Amadeo hört man alle Sprachen der Welt – aber nicht wegen der Touristen.

Räume schaffen, in denen Kinder Geburtstag feiern können: Das war eine der ersten Aktionen, die die Eltern des Istituto Comprensivo Manin anpackten. Die Schule liegt im Herzen von Esquilino, dem Viertel in Rom mit dem höchsten Ausländeranteil. Räume zum Feiern? „Ja", sagt Massimo Mattei, einer der engagierten Väter, „das war wichtig für die Integration. Die italienischen Kinder luden ihre Schulfreunde nach Hause ein, aber die Bengalen, Chinesen und Araber wohnen oft so beengt, dass sie zu Hause nicht feiern konnten. Seit wir diese Räume geschaffen haben, verbringen Kinder verschiedener Nationalitäten mehr Zeit zusammen."

Wobei das mit den Nationalitäten so eine Sache ist. Wie in Deutschland gilt auch in Italien bei der Frage der Staatsangehörigkeit das Abstammungsprinzip – anders als etwa in vielen angelsächsischen Ländern, in denen der Geburtsort die Staatsangehörigkeit vorgibt. Mattei findet es absurd, dass seine hier geborenen Söhne einen deutschen Pass haben, nur weil ihre Großmutter aus Köln ist. So liest man in Rom auf vielen Plakaten den Satz: „Italiano chi nasce in Italia" – „Wer in Italien geboren wird, ist Italiener."

Das unterstützt auch Pier Luigi Bersani, Chef der sozialdemokratischen Partito Democratico (PD). Dass – und wie – Integration möglich ist, zeigt sich bei der Besichtigung einer Schule im Esquilinviertel an einem ganz einfachen praktischen Beispiel: Im Keller probt gerade eine bunt gemischte Band, die Kinder kommen aus Rumänien, Kolumbien, China, Eritrea, Somalia, Bulgarien und natürlich Italien. „Die ganze Welt in einem Zimmer", meint Bersani treffend.

„Halal Italia"

Rund 6,5 Prozent der italienischen Bevölkerung sind regulär gemeldete Immigranten. Etwa 1,2 Millionen Muslime leben in Italien. Für sie produziert „Halal Italia" nach islamischem Recht „reine" (halal) Lasagne und Bresaola, Büffel-Mozzarella und Pasta. Circa 20 Prozent davon sind für den italienischen Markt bestimmt, der Rest geht ins Ausland, auch nach Deutschland.

Italien fährt einen restriktiven Kurs in Sachen Einwanderungspolitik. Dabei sollten doch gerade Italiener wissen, wie es sich anfühlt, wenn man die Heimat verlassen muss, weil es dort nicht mehr genug zu verdienen,

Protestierende Müllmänner vor dem Kapitol.

Schirmverkäufer bei der Spanischen Treppe, Markthalle an der Via Principe Amadeo im Esquilinviertel.

zu essen gibt. Denn auch die rund 14 Millionen Italiener, die bis zum Ersten Weltkrieg emigrierten, waren vornehmlich Wirtschaftsflüchtlinge. Etwa 40 Prozent davon gingen in die USA, wo sie weiter lieber Spaghetti statt Pastrami aßen und lieber Rotwein als Whiskey tranken.

Straßenhändler und Saisonarbeiter

Heute riecht es in den Straßen rund um die Piazza Vittorio Emanuele nach chinesischer Nudelsuppe. Es gibt Friseurläden für jede Ethnie. In winzigen Geschäften sitzen gelangweilte junge Verkäuferinnen. Sie sehen erstaunt auf, wenn jemand den Laden betritt. Hier decken sich vor allem die mobilen Verkäufer ein – Chinesinnen, die auf der Straße Fächer verkaufen, sowie Nordafrikaner, die Schirme anbieten, wenn es regnet, und Hüte, wenn die Sonne scheint. Ein unübersichtliches Geschäft.

Auf dem Gemüsemarkt in einer ehemaligen Kaserne ist Obst so billig wie nirgends sonst in der Stadt. Ein Kilo Aprikosen kostet 69 Cent. Wer kann so billig ernten? Die Antwort: Fast zwei Drittel der in der Landwirtschaft beschäftigten Saisonarbeiter sind schlecht bezahlte *clandestini*, illegale Einwanderer; in Kalabrien sogar über 90 Prozent.

Grenzen: außen, innen

Auch die Zahl der Flüchtigen stieg in den letzten Jahren stark an: 2012 kamen etwa 13 000, 2014 waren es schon 170 000. Im Sommer 2015 stieß Italien an die Grenzen seiner Kapazität. Das Land, dessen Meeresgrenze fast komplett eine Schengen-Außengrenze darstellt, hatte mit einer Flut zu kämpfen: der Flut der Verzweifelten. Hunderte campierten in Rom und Mailand am Bahnhof. Krankheiten breiteten sich in der Enge der Lager aus. Und was sich auch ausbreitete, war ein wieder aufflammender Faschismus. So kam es im Juli des Jahres zu gewalttätigen Protesten gegen die Unterbringung von Flüchtigen in einer ehemaligen Schule in Rom. Demonstranten riefen den Flüchtigen Hassparolen und Beleidigungen nach und bewarfen sie mit Steinen, Stühlen und Flaschen.

Feinstes Gassen-Italienisch

Doch es geht auch anders. Auf der Piazza Vittorio spielen an einem Brunnen fünf Kinder. Alle sind etwa zehn Jahre alt. Einer der Jungs kommt aus Somalia, einer aus China, einer ist Italiener, dazu gesellt sich ein blondes Kerlchen. Und alle reden miteinander im feinsten Gassen-Italienisch.

Sprachprobleme? I wo. Da die Kinder schon als Babys in die Kinderkrippe kommen, reden alle italienisch miteinander. Was sonst?

Weiterführende Informationen

Initiativen zur Integration
MaTeMù, Centro di aggregazione giovanile,
Via Vittorio Amedeo II, 14, www.cies.it, Tel. 0677070411
Istituto Comprensivo Manin, Via dell'Esquilino 31,
www.danielemanin.org

Museum
Museo Nazionale Emigrazione Italiana (MEI), im
Vittoriano, Tel. 0669202049, Mo.–Fr. 9.00–13.00,
Mo., Mi., Do. auch 14.00–17.30 Uhr, im Aug. geschl,
www.museonazionaleemigrazione.it

„Chinatown" im Esquilinviertel.

Maßstab 1:17.000
Centro Sportivo
Acqua Acetosa
Campo Sportivo dipendenti Comunali
Campi Sportivi
Parco Pubblico
Villa Ada
(Villa Savoia)
Acqua Acetosa
PARIOLI
Parco di Villa Glori
VILLAGGIO OLIMPICO
XVII Olimpiade
Auditorium Parco della Musica
Palazzetto d. Sport
Stadio Flaminio
FLAMINIO
MAXXI Museo delle Arti del XXI Secolo
Viale Pilsudski
Euclide
Piazza Santiago del Cile
Monti Parioli
Fiume Tevere
PINCIANO
Viale Bruno Buozzi
Piazza Ungheria
Bioparco
Villa Borghese
Galleria Nazionale d'Arte Moderna
Giardino d. Lago
Galoppatoio
Villa Strohl Fern
Flaminio - Pzza del Popolo
Pza. del Popolo
Monte Pincio
Villa Medici
Spagna
Lepanto
Castel Sant'Angelo
Palazzo di Giustizia
Barberini
Barberini-Fontana di Trevi
Repubblica-Teatro dell'Opera
Termini
San Pietro
Chiesa Nuova
Argentina
Venezia
Navona
Pantheon
Villa Torlonia
SALARIO
Villa Albani
Corso d'Italia
Via Veneto
Via V. Bissolati
Via Nazionale
Viale Castro Pretorio
Villa Paolina
Palazzo del Quirinale
Giardino del Quirinale
Via del Quirinale
Via Milano
Via Sistina
Via del Corso
Via di Ripetta
Lgt. Michelangelo
Viale Tiziano
Via Flaminia
Villaggio Olimpico
Ponte Milvio
Ponte Flaminio
Stazione Roma Termini
1 2 3 4 5 6 7 8 9 10 11 12 13 14 15 16 17 18 19 20 21 22 23 24

Bahnhof und mehr

Ein moderner Bahnhof, der das vereinigte Italien feiernde Platz der Republik, ein barocker Park und drei moderne Architektur-Landmarken – auch im Norden Roms gibt es viel zu entdecken.

Oben: Renzo Pianos Auditorium Parco della Musica. Rechts oben: antike Kunst im antiken Rahmen – in den Terme di Diocleziano. Darunter: im Palazzo Massimo, der wie die Thermen einen der vier Sitze des Museo Nazionale Romano beherbergt.

1 – 2 Rund um die Stazione Roma Termini

In Roms Zentralbahnhof, benannt nach den nahen Diokletiansthermen, kreuzen sich zwei der drei U-Bahn-Linien der Stadt (Metropolitana di Roma A und B).

SEHENSWERT

Erbaut wurde der Kopfbahnhof 1 **Roma Termini** ursprünglich im Jahr 1867, neu konzipiert 1938; das Hauptgebäude wurde erst nach dem Krieg in lichtem, großzügigen Stil errichtet und der ganze Bahnhof im Jahr 2000 saniert sowie mit einem unterirdischen Einkaufszentrum versehen. Die 2 **Terme di Diocleziano** beherbergen einen der vier Sitze des **Museo Nazionale Romano** (Viale Enrico De Nicola 79, Tel. 06 39 96 77 00, http://archeoroma.beniculturali.it/; das Ticket ist drei Tage gültig an vier Sitzen des Museums: Palazzo Massimo alle Terme, Palazzo Altemps, Terme di Diocleziano mit Aula Ottagona und Crypta Balbi). Die Thermen (Di. bis So. 9.00–19.30 Uhr) wurden im 3. Jh. gebaut und boten Platz für 3000 Badegäste. Ab 1560 entstand in den Ruinen der Thermen unter Michelangelos Leitung die **Basilika Santa Maria degli Angeli e dei Martiri**.

SHOPPING

Die US-amerikanische Designerin Jean Frances Ottaviano hat neben ihren Shops in USA auch zwei „Only Hearts"-Boutiquen in Rom eröffnet (Piazza della Chiesa Nuova 21, So.–Mo. 12.00 bis 20.00 Uhr; Via Vittoria 76, Di.–Sa. 10.00 bis 20.00 Uhr, So.–Mo. 12.00–20.00 Uhr).

RESTAURANT

Das Restaurant € € **Tomoko Tudini** von Gabriele e Tomoko gibt es schon seit 1946 (Via Principe Amedeo 27, Tel. 064817586, www.tomoko-tudini.com/jap/). Leicht gehobene Küche, Pasta ab 8 Euro.

UNTERKUNFT

In Bahnhofsnähe finden sich viele Hotels, darunter durchaus empfehlenswerte. Direkt neben den Bahngleisen liegt das stylische Hotel € € € **Radisson Blu Roma** (Via Filippo Turati 171, www.radissonblu.com/eshotel-rome) mit großzügigen, lichten Zimmern. Hausgäste kommen in den Genuss eines großen Außenpools auf der Dachterrasse. Ein alter Gitter-Aufzug führt in den ersten Stock des Jugendstil-Gebäudes, in dem das € **Hotel Sweet Home** (Via Principe Amedeo 47, Tel. 06 48 80 9 54, www.hotelsweethome.it) untergebracht ist. Rundum neu renoviert, wird es freundlich geführt von Franco Miglietta aus Lecce, der lange in der Schweiz gearbeitet hat. Auf der anderen Seite der Bahngleise liegt das € **Hotel Villa delle Rose** (Via Vicenza 5, Tel. 064451788, www.villadellerose.it) in einer Patriziervilla mit Garten, ruhig, jedoch etwas bieder möbliert.

3 – 6 Rund um die Piazza della Repubblica

Als Rom zur Hauptstadt des neuen Italiens wurde, entstand dieser Platz mit den klassizistischen Häusern.

SEHENSWERT

Die **Fontana delle Naiadi** auf der 3 **Piazza della Repubblica** entwarf Mario Rutelli, der Urgroßvater des ersten grünen Bürgermeisters von Rom, Francesco Rutelli. Die 4 **Via Nazionale**, eine beliebte Einkaufsstraße, säumen schöne Stadtpaläste. Die zarten Fresken aus der **Villa di Livia** im 5 **Palazzo Massimo alle Terme** (Largo di Villa Peretti 1, Di.–So. 9.00–19.45 Uhr) sind nur im Rahmen einer Führung zu sehen, man bekommt mit der Eintrittskarte ein Zeitfenster zugewiesen (Reservierung für Führungen unter: Tel. 06 39 96 77 00, www.coopculture.it). Aber auch die übrigen Ausstellungsräume des zum Museo Nazionale Romano gehörenden Palastes sind sehr sehenswert.
An den Ruhm der Mailänder Scala konnte das 6 **Teatro dell'Opera**, (Piazza Beniamino Gigli 7, Tel. 06 48 16 01, www.operaroma.it) nie anknüpfen, aber ein Besuch lohnt schon allein wegen der hübschen Belle-Epoque-Ausstattung.

RESTAURANT/KONDITOREI

Dafür und davor stehen Italiener Schlange: Im € **Er Buchetto** (Via del Viminale 2F, Tel. 06 4 88 30 31, http://erbuchetto.wordpress.com, Mo. bis Fr. 9.00–21.00, Sa. bis 14.30 Uhr), einem Schlauchlokal hinter dem Palazzo Massimo,

Den schönsten Zugang zum weiträumigen Park der Villa Borghese (oben) hat man über die Via Veneto (rechts) – Schauplatz von Fellinis Filmklassiker „La dolce vita" und Prachtstraße mit Jugendstilbauten, edlen Hotels und Cafés.

gibt es fast nur *porchetta*, also Schweinefleisch im Brötchen. Und das seit 1890! Den besten Nachtisch serviert die € **Pasticceria Dagnino** (Galleria Essedra, an der Piazza della Repubblica, www.pasticceriadagnino.com).

7 – 10 Rund um den Monte Quirinale

Der Quirinal gehört zu den sieben „klassischen" Hügeln Roms. Der Sage nach soll sich hier eine Siedlung der Sabiner befunden haben; später errichteten wohlhabende Römer, der „Höhenluft" wegen auf dem (57 m hohen) Hügel ihre Villen.

SEHENSWERT

Lohnenswert ist auf dem 7 **Monte Quirinale** besonders der Blick kurz vor Sonnenuntergang über die Stadt. Ein Schauspiel ganz eigener Art: die Wachablösung vor dem Quirinalspalast, dem **Palazzo del Quirinale**. 1870 musste der Heilige Stuhl den Palast an Italiens König abgeben, seit 1948 dient er dem italienischen Staatspräsidenten als Amtssitz (Tel. 06 46 991, www.quirinale.it, Wachablösung tgl. 15.00, So. 16.00, im Sommer um 18.00 Uhr; im Aug. keine Wachablösung). Der Obelisk auf der Piazza davor kam 1786 aus dem Augustusmausoleum. Die Kirche **Sant' Andrea al Quirinale** wurde 1658–1670 nach Plänen Berninis von dessen Assistenten ausgeführt. 1817–1946 diente sie als Hofkirche des italienischen Königshauses, heute ist sie auch wegen ihrer schönen Lage bei Hochzeitspaaren beliebt. Ebenfalls auf dem Quirinal prunkt **San Carlo alle Quattro Fontane** mit einer schönen Fassade. Von den Römern auch „San Carlino" genannt, verdankt die 1638–1677 errichtete Kirche – das erste eigenständige Werk Borrominis, der zuvor für Bernini gearbeitet hatte – ihren Beinamen „alla Quattro Fontane" den vier an den Ecken der Kreuzung von Via Quirinale und Via delle Quattro Fontane errichteten Brunnen, an der sie steht. Ungleich berühmter als diese vier ist der Trevibrunnen, 8 **Fontana di Trevi** TOPZIEL; weniger wegen der barocken Pracht als wegen der einst in Fellinis Film „La Dolce Vita" darin „badenden" Schwedin Anita Ekberg. Traditionell werfen Rombesucher eine Münze mit der rechten Hand über die linke Schulter in das Wasser des 1732–1762 nach einem Entwurf von Nicola Salvi an der Rückseite des Palazzo Poli errichteten Brunnens, um „sicherzustellen", dass sie Rom noch einmal wiedersehen werden.

Die Via Vittorio Veneto wird meist nur kurz 9 **Via Veneto** genannt. Zwar schmücken die Straße noch immer schöne Jugendstil-Paläste, in denen etwa die US-Botschaft und einige Hotels logieren, den Charme des cineastischen Dolce Vita sucht man hier allerdings inzwischen vergebens. In der in den Jahren 1626 bis 1631 auf Betreiben von Kardinal Antonio Barberini, dem Bruder von Papst Urban VIII., nach Plänen von Antonio Casoni errichteten, bis heute zu einem Kapuzinerkloster gehörenden Kirche 10 **Nostra Signora della Concezione dei Cappuccini** verbirgt sich eine eigentümliche Grablege: Aus den Gebeinen von 4000 Kapuzinermönchen schufen die Mitbrüder dekorative Elemente in der Kapuzinergruft.

UNTERKUNFT

Hier könnten Fellini und Mastroianni einen Aperitif getrunken haben: im € € € **Regina Hotel Baglioni** (Via Veneto 72, Tel. 06 42 11 11, www.baglionihotels.com) mit Brunello Lounge & Restaurant sowie schnörkellosem Design.

11 – 17 Rund um die Villa Borghese

In den Jahren 1613–1616 ließ die Familie Borghese, aus der mehrere Kardinäle und Paul V. (Papst 1605–1621) stammen, in den ihr gehörenden Weinbergen am nördlichen Stadtrand eine Villa errichten, umgeben von einem prachtvollen Park mit künstlichen Seen und Gartenhäusern. Letzterer wurde bis zum Ende des 18. Jh. im Rahmen seiner Umwandlung in einen Englischen Garten zur öffentlichen Anlage. Heute gehört dieses – nun mit dem (nicht zu den sieben „klassischen" Hügeln zählenden) Monte Pincio verbundene – Areal zu den weiträumigsten Parkanlagen der Tibermetropole (siehe S. 20).

SEHENSWERT/MUSEEN

Auf dem Gelände findet man auch einen kleinen zoologischen Garten, den im Jahr 1911 angelegten 11 **Bioparco** (Viale del Giardino Zoologico 1, Tel. 063608211, www.bioparco.it, tgl. 9.30–18.00, Sa., So. und an Feiertagen bis 19.00, im Winter bis 17.00 Uhr). Kinder bis 12 Jahre haben dort freien Eintritt; für sie gibt es auch einen Streichelzoo und einen Spielplatz. Im östlichen Teil des Parks beherbergt das in einem 1613–1615 von dem Holländer Jan van Santen errichtete Casino Borghese heute das 12 **Museo e Galleria Borghese** TOPZIEL – eine hervorragende, auf den kunstsinnigen Kardinal Scipione Borghese zurückgehende Gemälde- und Antikensammlung (Di.–So. 8.30 bis 19.30 Uhr, Besichtigung im Zwei-Stunden-Takt, Kartenvorbestellung obligatorisch, Tel. 06 3 28 10, www.galleriaborghese.it). Nach der Heirat von Fürst Camillo Borghese mit Napoleons Schwester Paolina – die im Museum in einer berühmten Canova-Skulptur als Venus victrix, als siegreiche (und halbnackte) Venus zu besichtigen ist – wurden allerdings auf Napoleons Drängen zahlreiche Kunstschätze an den Louvre in Paris verkauft. Die sehr schön über der **Piazza di Spagna** auf dem Pincio-Hügel gelegene, im 16. Jh. auf den Überresten der antiken Villa des Lucius Licinius Lucullus errichtete 13 **Villa Medici** beherbergt seit 1803 die Académie de France à Rome. Benannt wurde das im Stil eines römischen Landsitzes erbaute Anwesen nach Kardinal Ferdinando I. de' Medici, der es 1576 für seine antike Sammlung erwarb (Viale Trinità dei Monti 1, Tel. 06 6 76 11, www.villamedici.it, Di.–So. 10.00 bis 19.00 Uhr). Das 14 **Museo Nazionale Etrusco di Villa Giulia** (Piazzale di Villa Giulia 9, Tel. 0 63 28 10, www.villagiulia.beniculturali.it, Di. bis So. 8.30–19.30 Uhr, So. nur Führungen) zeigt Kunst der Etrusker. In der 15 **Galleria Nazionale d'Arte Moderna GNAM** (Viale delle Belle Arti 131, Tel. 06 32 29 81, www.gnam.beni culturali.it, Di.–Sa. 8.30–19.30, So. ab 14.00 Uhr) wird Kunst des 19. und 20. Jh. ausgestellt.

ERLEBEN

In der **Viale della Pineta** gibt es einen Fahrradverleih für den Park, hier können bei Bedarf auch Inlineskates ausgeliehen werden (Bici Pincio, Tel. 06 6 78 43 74, www.ecoincitta.it/poi/bici-pincio/).

Die 16 **Casa del Cinema** (Largo Marcello Mastroianni 1, Tel. 06 42 36 01, www.casadel cinema.it) gilt als modernstes Kino der Stadt. Mit Kindern lohnt sich ein Besuch des Marionetten-Theaters 17 **San Carlino** am Monte Pincio (Viale dei Bambini Villa Borghese, Tel. 06 69 92 21 17, www.sancarlino.it).

RESTAURANT
In der Villa Borghese lockt das € € **Cinecaffè** (Largo Marcello Mastroianni 1, Tel. 0642016224, www.cinecaffe.it) mit schattiger Terrasse.

UNTERKUNFT
Mit Blick auf das mit Pinien bewachsene Anwesen der Medicis gilt das € € € € **Hotel Eden**, (Via Ludovisi 49, www.edenroma.com) als feiner Rückzugsort aus Roms hektischem Trubel und ist doch – nur drei Gehminuten von der Spanischen Treppe entfernt – nah am Geschehen. Im Obergeschoss befindet sich ein fantastisches Panoramarestaurant.

18 – 24 Flaminio

Roms Verbindung in den Norden ist bereits seit der Antike die ab dem Jahr 220 v.Chr. angelegte Konsularstraße Via Flaminia. Sie beginnt westlich der Villa Borghese an der Piazza del Popolo und führt mitten durch den Stadtteil Flaminio, in dem das MAXXI der zeitgenössischen Kunst eine Heimat bietet.

SEHENSWERT/MUSEUM
Von dem Stararchitekten Renzo Piano entworfen wurde das 18 **Auditorium Parco della Musica** (Viale Pietro De Coubertin 28, www.auditorium.com). In diesem Kulturzentrum findet man Konzerthallen, Theaterbühnen und Ausstellungsflächen sowie die auf Architektur und Literatur spezialisierte Buchhandlung **Notebook** (Tel. 06 80 69 34 61, www.notebook auditorium.it). Den 19 **Palazzetto dello Sport** (Piazza Apollodoro 10) baute Pier Luigi Nervi 1957 für die Olympischen Spiele.
Das Nationalmuseum für die Kunst des 21. Jahrhunderts, 20 **MAXXI** (Via Guido Reni 4a, Tel. 06 39 96 73 50, www.fondazionemaxxi.it, Di.–Fr. u. So. 11.00–19.00, Sa. bis 22.00 Uhr), geschaffen von Zaha Hadid, ist der spektakulärste jüngere Bau Roms. Am 21 **Ponte Milvo**, der für den Autoverkehr gesperrten ältesten Brücke Roms, stößt die Via Flaminia auf den Tiber. Berühmt wurde die Milvische Brücke durch die Entscheidungsschlacht am 28. Oktober 312 zwischen Kaiser Konstantin und seinem Mitkaiser Maxentius, aus der Konstantin – angeblich nach einer christlichen Vision in der Nacht zuvor – siegreich hervorging. Im Garten der 22 **Accademia Filarmonica Romana** finden im Sommer „Open sessions" statt, kleine Konzerte bei freiem Eintritt. Es gibt auch ein kleines Lokal, das sich auf die Produkte von Mini-Brauereien spezialisiert hat und im Ambiente an eine an einem Alpensee gelegene Hütte erinnert (Via Flaminia 118, Tel. 06 3 20 17 52, www.filarmonicaromana.org). Von den drei Kirchen an der 23 **Piazza del Popolo** mit dem ägyptischen Obelisken lohnt vor allem die namensgebende **Santa Maria del Popolo** einen Besuch (Mo. bis Sa. 7.15–12.30, 16.00–19.00, So. 7.30 bis 13.30, 16.30–19.30 Uhr). An der Via del Corso 18 wohnte bei seinem Rom-Aufenthalt der italienreisende Goethe in der heutigen 24 **Casa di Goethe** (Tel. 06 32 65 04 12, www. casadi goethe.it, Di.–So. 10.00–18.00 Uhr).

Genießen Erleben Erfahren

DuMont Aktiv

Stadtführung per Vespa

Valerio Caffio kennt viele Menschen in Rom. Er führt Touristen durch die Stadt, und zwar auf einer Vespa. Man kann bei ihm hinten drauf mitfahren oder ihm als Selbstfahrer folgen. „Wir verleihen auch Vespas", sagt er. Aber er rate davon ab. Der Verkehr sei eine Zumutung.

Zunächst geht die Fahrt zur Kirche Santi Quattro Coronati. An der Pforte spendet Valerio etwas, dann springt die Tür zum Oratorio di San Silvestro auf. Hier erzählen Fresken aus dem 13. Jh. von Konstantins Sieg am Ponte Milvo und der Konstantinischen Schenkung, dem Beginn der weltlichen Macht der Päpste. Valerio scheint an der Authentizität der mittelalterlichen Darstellung zu zweifeln – für ihn ist das alles nichts als Propaganda. Zeit für einen historischen Disput bleibt allerdings keine – wir sitzen wieder auf, und schon geht es weiter.

Valerio fährt eine Vespa Farbasso, Baujahr 1953, aus erster Hand gekauft. Das erinnert an den Film „Ein Herz und eine Krone", der im Original „Roman Holidays" hieß und kurz gefasst folgenden Inhalt hat: Mann trifft Frau. In diesem Fall trifft ein Reporter, Gregory Peck, eine schlafende Prinzessin, gespielt von Audrey Hepburn, auf einer Parkbank. Einen Tag lang zeigt er ihr Rom, natürlich auf seiner Vespa. Die stammt ebenfalls aus dem Jahr 1953 und ist genau das Modell, das auch Valerio fährt.

Ein Herz und (k)eine Krone: damals und heute …

Weitere Informationen

Wer?
Bici&Baci, Via del Viminale 5 oder Via Cavour 302, Tel. 06 48 28 44 3 oder 0694539240, www.bicibaci.com
Dearoma, Via dei Balestrari 36 (Campo de'Fiori), Tel. 06 45 47 63 49, www.dearoma.it

Wie viel?
Eine Tour als Sozius auf der historischen Vespa kostet 145 Euro, inkl. Fahrer, geführter Tour auf Englisch, Helm, Benzin, Eintrittspreise. Als Selbstfahrer auf anderen Vespas bezahlt man 120 Euro pro Person.

Die Karawane zieht weiter

Wenn ein Viertel vereinnahmt wird, sucht sich die Szene ein neues Feld. Trastevere ist für die Jeunesse dorée viel zu touristisch. Wer in Rom weniger schick ausgehen und weniger ausgeben möchte, der bricht spät abends auf nach Testaccio, San Lorenzo oder Pigneto.

Trastevere: Am frühen Abend erwacht die Via della Scala zum (Nacht-)Leben.

Trastevere: Ob in der Via Natale Grande, …

… vor einem Straßencafé in der Via della Paglia oder …

… in der Via della Scala: Das Viertel mag inzwischen durchkommerzialisiert sein, aber noch immer ist das von der Hitze des Tages erwärmte Kopfsteinpflaster der Gassen der beste Ort für einen nachbarschaftlichen Plausch.

Und ab geht die Post: In Travestere, an der Piazza di San Cosimato.

Das Gerücht, in Trastevere sei Rom noch „richtig römisch", hält sich. Es hat sich herumgesprochen, wie hübsch hier die Gassen sind, wie pittoresk die kleinen Häuser, wie römisch das Essen. Und das heißt: Für die meisten Römer sind die Mieten hier unbezahlbar – heute wohnen in Trastevere vor allem vermögende Ausländer.

Trastevere: Gregorianisches aus der Konserve

Doch das ändert nichts an der Schönheit eines abendlichen Bummels. Denn die Häuser sind ja wirklich schmuck, das Essen ist gut. Und selbst wenn in Santa Maria in Trastevere die gregorianischen Gesänge aus dem CD-Player kommen statt aus Sängerkehlen, heben diese den Genuss doch immer noch beträchtlich.

Etwas ruhiger zu geht es in den Straßen jenseits der Trambahnlinie, südlich der Viale di Trastevere. Da kann es geschehen, dass an den Straßentischen des Restaurants eine Sängerin stehen bleibt und ein römisches Volkslied singt. Die Sängerin ist braun gebrannt, die langen Haare hat sie zum Zopf gebunden, zum Akkordeon singt sie eine schwermütige Melodie. Nein, antwortet sie, aus Rom sei sie nicht, sondern aus Rumänien. Römerinnen würden heute wohl nicht mehr von Tisch zu Tisch ziehen in Trastevere, dem römischen Touristenviertel.

Testaccio: Vom Leben in der urbanen Provinz

Auf der Piazza di Santa Maria Liberatrice hocken die Alten im Schatten auf Bänken und tauschen sich so eifrig aus, als hätten sie sich seit Jahrzehnten nicht mehr gesehen. Ein Kellner kommt aus einer Bar, um Caffè zu den Tischen beim Kinderspielplatz zu bringen. Touristen begegnet man hier seltener – wer etwa Kinder beim Fußballspielen fotografieren will, der bekommt es mit den Müttern zu tun. Was einem denn einfalle, schimpfen sie, man solle schau'n, dass man weiterkomme.

In den 1970er-Jahren politisierte sich das Viertel. Legendär war 1976 der Sturm auf das Kino „Vittoria". 400 Jugendliche besetzten den Saal und sahen sich „Duell am Missouri" mit Marlon Brando an. Kurz darauf räumte die Polizei mit Tränengas den Saal, während draußen auf der Piazza Molotow-Cocktails flogen. Dort wehrte man sich so gegen teure Eintrittspreise – einen ähnlichen Aufstand gab es erst wieder, als die Eintrittspreise der Fußballstadien erhöht wurden.

San Lorenzo und die Zeichen an der Wand

Graffiti sind in Rom keine moderne Erfindung. Schon in der Antike wurde auf Mauern gekritzelt, was der Marmor hergab. Und auch in der Moderne sind noch immer vor allem Inschriften von ewiger Liebe zu lesen. *Principessa Claudia, mi inamorerá sempre di te*", steht in einer Unterführung, „Prinzessin Claudia, ich würde mich immer in dich verlieben." Nicht ganz so schwärmerisch, sondern deutlich politisch motiviert sind die Zeichen an der Wand in San Lorenzo, dem Univiertel – rund 140 000 Studenten sind an der Universität La Sapienza eingeschrieben. Auf Straßenfesten feiern Junge und Junggebliebene lieber mit einer Flasche Bier in der Hand als mit einem Glas Rotwein vor sich. An einem

Es hat sich schon herumgesprochen, wie hübsch hier die Gassen sind.

Die zarteste Versuchung, seit es römisches Nachtleben gibt? Das vielleicht nicht – aber auch hier haben wir es mit einem (zur Kulturmeile gewandelten) Schlachthof zu tun, Ex Mattatoio di Testaccio.

Angst vor Nähe hat hier niemand.

Nachtleben am Monte Testaccio: Der Alibi Club hat eine große Dachterrasse, die, weil es ein Club ist, „Open Air Dachterrasse" heißt. Und, hey – (nicht nur) der DJ ist heiß!

„Angel of Grief": Den trauernden Engel schuf der Dichter und Bildhauer William Wetmore Story 1894 für sich und seine Frau Emelyn auf dem Protestantischen Friedhof *(Cimitero acattolico)*.

„Und, haben Sie DAS schon gehört?!" – Montag bis Samstag von 7.30 bis 13.00 wird an der Piazza Testaccio ein bei den Einheimischen des Viertels recht beliebter Markt abgehalten.

der Tische vor einem der besten Fischlokale der Stadt isst man Austern für neun Euro und blickt dabei auf die Graffiti an der Wand. Während man Namen und Parolen zu entziffern versucht, geht jemand an den Stühlen vorbei – gleich darauf hält er mit einer lässigen Bewegung eine Handtasche im Arm. Zum Glück ist es der Kellner, der dem Gast die Tasche zurückgibt mit den freundlich tadelnden Worten: „Signora, bitte, nicht so leichtsinnig sein." Woraufhin die erschrockene Signora die Handtasche nun regelrecht festbindet, mit ihrem Halstuch.

Cimitero Verano: Am Grab von Marcello Mastroianni

Am Nordrand von San Lorenzo beginnt der größte Friedhof Roms, der Cimitero Verano. Die zahlreichen Erweiterungsbauten für Urnen wirken heute wie überirdische Katakomben. Am Eingang kann man sich einen Plan des Friedhofs geben lassen, mit einer Liste der Gräber von Berühmtheiten. Für die Besichtigung sollte man sich Zeit lassen – der Friedhof ist, wie wir an anderer Stelle schon geschrieben haben, auch eine grüne Oase. Stundenlang könnte man durch die Gräberreihen spazieren, die Ruhe genießen im Schatten der Zypressen.

„Die Nachwelt flicht dem Mimen keine Kränze", lautet ein Sprichwort. Wie wahr. So zeigt auch das Grab von Marcello Mastroianni, dem vielleicht bekanntesten italienischen Schauspieler aller Zeiten, nur eine eher unscheinbare, rote Steinplatte. Nichts als der Name steht darauf, kein Datum, und schon gar kein Foto, wie das in Italien sonst oft zu sehen ist. Plastikrosen stecken im Hintergrund; immerhin hat jemand einen frischen Zweig Bougainvilleen darauf gelegt.

Pigneto: Aus dem Dunkel ans Licht

Die *movida* hat Pigneto entdeckt. Im Spanischen bezeichnete man mit diesem Begriff die „Bewegung" der Jugendlichen, die nach dem Ende der Franco-Diktatur auf die Straße gingen: zum Feiern, zum Zelebrieren neuer Lebensfreude in der

Bunte Szene: Viele Bars und Enoteche säumen die Via del Pigneto.

Bar Necci dal 1924: Wer nie in Rom was Süßes aß – der sollte sich hier mal die Plastikhaube lüften lassen.

Nachtschattengewächse: an der Piazza Immacolata (San Lorenzo)

neuen Demokratie. In Italien ist die *movida* unpolitisch. Auch hier ziehen die Jugendlichen bis spät in der Nacht durch die Szeneviertel. Dass sie ihr Weg einmal auch nach Pigneto führen würde, in das einstige Arbeiterviertel an der Peripherie der Stadt, hätte vor ein paar Jahren wohl kaum jemand gedacht. Entstanden ist das Viertel in den 1920er-Jahren, als viele wegwollten aus den überfüllten Dörfern des Mezzogiorno: In Rom gab es Fabriken, also Arbeit, und Pigneto ähnelte damals einem Dorf: Da war die Umstellung nicht zu groß. Seit 1924 gibt es das Necci, das bekannteste Lokal des Viertels; auch Enrico Necci war damals aus Süditalien nach Rom gekommen. 1958 entdeckte es Pier Paolo Pasolini für seinen ersten großen Film, „*Accatone*. Wer nie sein Brot mit Tränen aß" (1961), ein düsteres Sozialdrama, das Pasolini mit Laiendarstellern drehte: Pigneto in Schwarzweiß. Das hätte auch in den 1970er-Jahren gut gepasst, als fast nur noch die Alten hier wohnten und sich die Straßen in gefährliche Drogenumschlagsplätze verwandelt hatten. Damals waren die Mieten noch billig, was in den 1980er-Jahren die ersten Studenten und Künstler anzog sowie eine links-alternative Szene.

Im Prenzlauer Berg von Rom

Ein paar Edelsanierungen später, nach vielen Neueröffnungen von Supermärkten und Fitnessstudios, von Galerien und Designerläden, von Restaurants, Clubs und Bars zeigt sich das Viertel heute in einem neuen, bunten Licht. In umgebauten Garagen sorgen DJs für heiße Beats, in der Isla pedonale del Pigneto, der zur Fußgängerzone aufgehübschten Via del Pigneto, kosten die Drinks fast schon so viel wie auf der Piazza della Rotonda vor dem Pantheon. Und die römischen Immobilienhändler wittern Morgenluft: Seit Juli 2015 führt die U-Bahn bis hierher. Nun wird sich das bislang nur umständlich zu erreichende Pigneto-Viertel erneut verändern. Die Mieten im schon zum „Prenzlauer Berg von Rom" ausgerufenen Szeneviertel werden weiter steigen, die Einwohnerstruktur wird sich erneut ändern, und die *movida*? Die wird immer in Bewegung bleiben.

VERKEHRSPOLITIK

Alle Wege führen nach Rom

Auf Roms Straßen geht meist nicht viel voran: Die Stadt erstickt im Verkehr. Der U-Bahn-Bau stockt, die Busse werden zu oft bestreikt, auf dem Fahrrad fühlt man sich nicht sicher, und so steigen doch alle wieder in das heißgeliebte Auto.

Der öffentliche Nahverkehr in Rom ist ganz gut geregelt. Es gibt Busse, Trambahnen, Nahverkehrszüge und die U-Bahn. Aber die Römer schimpfen trotzdem mit aller Leidenschaft darüber. Vor allem über die Busse. Schon wenn sie an einer Bushaltestelle länger als fünf Minuten warten müssen, kommt die Drohung: „Morgen fahre ich wieder mit dem Auto." Italiener sind autoverliebt, Rom ist die europäische Hauptstadt mit den meisten Autos pro Kopf. Rund 1,6 Millionen Autos sind in Italiens Hauptstadt registriert. Die Ringautobahn GRA *(Grande Raccordo Anulare)* kollabiert fast täglich, dabei fragt man sich, wohin die Autos alle wollen. Die Innenstadt gilt als verkehrsberuhigte Zone, Privatautos dürfen bis 18.00 Uhr nur mit einer Ausnahmegenehmigung hineinfahren. Eigentlich. Schwieriger noch, als mit dem Auto tagsüber durch die Stadt zu kommen, ist es, dieses abends wieder abzustellen. Es soll Menschen geben, die von dem Tag an, als sie einen Parkplatz vor ihrer Haustür gefunden haben, aufs Fahrrad umgestiegen sind ...

Dabei ist die Problematik nicht neu. Um das urbane Chaos einzudämmen, erließen schon die alten Römer das „strikte Verbot zur Beförderung von Personen in Wagen innerhalb der Stadt". Caesar verbot auch noch tagsüber den Warentransport auf den engen Straßen Roms, um das Verkehrschaos zu verringern. Herbeigeschafft wurden die Güter deshalb tagsüber auf dem Tiber, nachts ging es von dort durch die engen Gassen der Stadt. „Das Rumpeln der schweren Wagen raubt selbst einem tauben Mann den Schlaf", ärgerte sich einst Juvenal. Auch diese Klage verjährt wohl nie.

Immerhin: Endlich geht es mit der U-Bahn voran. Vom Bahnhof Bologna aus ist seit April 2015 der Abzweig B1 mit vier Stationen nach Jonio in Betrieb. Eine dritte Linie (C) fährt seit November 2014 mit 15 Stationen von Montecompatri/Pantano bis zum Parco di Centocelle, und zwar ohne Fahrzeugführer, mit einem Driverless-Metro-System. Weitere sechs Haltestellen bis zur Station Lodi wurden Ende Juni 2015 eröffnet und verlängern die Linie C auf 18,1 km. Somit befinden sich aktuell drei U-Bahn-Linien mit 74 Stationen und 60 km Länge in Betrieb. Nun müssten die Römerinnen und Römer sie nur noch besser nutzen: Viele finden den Metro-Ausbau zwar grundsätzlich ganz prima, meinen aber, dann sollten doch jetzt am besten ihre Nachbarn damit fahren ...

Dem Ausbau des römischen Nahverkehrs steht, im Wortsinn, vielfach die Antike im Wege.

Linke Seite: Freie Straßen für freie Fußgänger – sonntags ist die Via dei Fori am Kolosseum für den Verkehr gesperrt. Oben: Auf Schleichwegen mit der Vespa durch Rom.

Am besten ...

... ist man in Rom zu Fuß unterwegs. Für alle öffentlichen Verkehrsmittel gelten dieselben Fahrkarten. Ein einfaches Ticket kostet 1,50 Euro und ist 100 Minuten lang gültig. Damit kommt man bis nach Lido di Ostia. Außerdem gibt es Tickets für 24 Stunden (7 Euro), 48 Stunden (12,50 Euro) und 72 Stunden (18 Euro).

www.atac.roma.it

M. Gianicolo
TRASTEVERE
Isola Tiberina
Fiume Tevere
M. Capitolino
Foro Romano
M. Palatino
Colosseo
Circo Massimo
M. Aventino
M. Celio
Celimonta
Terme di Caracalla
Parco di Porta Capena
Monte Testaccio
Ex Mattatoio
Piramide
Pta S.Paolo
Staz. Roma-Ostia Ostiense
Staz. Roma-Ostiense F.S.
Staz. Roma-Trastevere F.S.
P.le dei Partigiani
Piazzale 12. Ottobre 1492
Museo Centrale Montemartini
Cantiere Città dei Giovani
Garbatella
GARBATELLA
Villa Sciarra
Orto Botanico
Palazzo Corsini
Villa Farnesina
Palazzo Farnese
Ch. del Gesù
Venezia
Circonvallazione Ostiense
Viale Trastevere
Lungotevere
Via Ostiense
Via Marmorata
Viale Aventino
Viale Marconi
Via Portuense
Via Portuense
Via dei Fori Imperiali
V. Cavour
V. Labicana
V.le Manzoni
Via Merulana
Via Claudia
Viale Glorioso
Viale delle Terme di Caracalla
Viale Giulio Cesare
Circo Massimo
Porto di Ripa Grande
Maßstab 1:15.000
0
300m
1
2
3
4
5
6
7
8
9
10
11
12
13
14
15

Junge Römer

Zwar treffen sich die jungen Römerinnen und Römer auch gern auf dem Campo de' Fiori, aber die beliebten Szeneviertel liegen außerhalb des Centro Storico. Am bekanntesten ist Trastevere. San Lorenzo findet man etwas versteckt hinter dem Hauptbahnhof. In Testaccio, dem „Scherbenviertel", beginnt die Nacht spät, dauert dafür aber umso länger, und in Pigneto sind die Römer noch weitgehend unter sich.

1 – 7 Trastevere

„Jenseits des Tibers" (ital. *Trastevere*) kann man einiges entdecken. Auch wenn das ehemalige Arbeiter- und Handwerkerviertel längst „in" – also teuer – ist, gibt es neben all den Szenelokalen und Edelboutiquen vereinzelt noch kleine Osterie und Krämerläden. Um dieses ursprüngliche Trastevere zu finden, muss man sich allerdings tief hineinbegeben in das hübsche Labyrinth enger Gassen, in dem sich die „Trasteverini" allein an den hohen Glockentürmen romanischer Kirchen orientieren.

SEHENSWERT

Roms älteste Marienkirche, 1 **Santa Maria in Trastevere**, wurde der Legende nach an jenem Ort gegründet, an dem im Jahr 38 v. Chr. eine Ölquelle entsprang, die von den Juden als Zeichen für den kommenden Messias und später von den Christen als Hinweis auf die bevorstehende Ankunft des Erlösers gedeutet wurde. Das heutige Gotteshaus entstand im 12. Jh. über einem Vorläuferbau aus dem 3. und 4. Jh. Das Kirchenschiff ruht auf antiken Säulen aus den Caracalla-Thermen; Glanzstück sind die herrlichen goldgrundigen, im 12. und 13. Jh. entstandenen Mosaiken in der Apsis. Der Brunnen auf der Piazza di Santa Maria in Trastevere ist abends ein beliebter Treffpunkt für Jugendliche und Junggebliebene auf dem Weg in die Nacht. Zu den frühchristlichen Märtyrerinnen gehört die um das Jahr 200 in eine römische Adelsfamilie geborene Cäcilia, um deren Leben und Tod sich viele Legenden ranken. Unter dem Altar der Basilika 2 **Santa Cecilia in Trastevere** stellt eine Marmorskulptur von Stefano Maderno (1600) sie in der Lage dar, in der sie gefunden worden sein soll, als ihr Grab 1599 in der Calixtus-Katakombe geöffnet wurde. Die Apsis ist mit einem im 9. Jh. entstandenen Mosaik geschmückt. Der 3 **Palazzo Corsini** (1510–1512) beherbergt die **Galleria Nazionale d'Arte Antica** mit Meisterwerken des 14. bis 18. Jh., darunter Werke der Venezianer Tiepolo und Canaletto sowie Caravaggios „Johannes der Täufer" und Gemälde von Rubens und Van Dyck (Via della Lungara 10, Tel. 06 68 80 23 23, http://galleriacorsini.beniculturali.it, Mo., Mi. bis So. 8.30–19.30 Uhr). Am Tiberufer liegt die ab 1508 von Baldassare Peruzzi für den Bankier

Oben: In der Villa Farnesina illustrieren Fresken die Geschichte von Amor und Psyche. Gemalt wurden diese im Jahr 1518 von Raffael und seinen Schülern Giulio Romano und Francesco Penni. Links: „blaue Stunde" auf der Piazza di Santa Maria in Trastevere.

Agostino Chigi errichtete 4 **Villa Farnesina** (Via della Lungara 230, Tel. 06 68 02 72 68, www.villafarnesina.it, Mo.–Sa. 9.00–14.00 u. jeden 2. So. im Monat 9.00–17.00 Uhr mit Führung), die 1580 von Kardinal Allessandro Farnese erworben wurde, nach dem sie heute benannt ist. Berühmt sind die Fresken Raffaels und seiner Schüler in der „Loggia mit Amor und Psyche" sowie Peruzzis die Konstellation der Sterne zur Zeit der Geburt des Bauherrn Chigi zeigender Zyklus in der „Loggia der Galatea". Im Innenhof des Franziskanerklosters **San Pietro in Montorio** steht der **Tempietto di Bramante**, ein um 1502 über dem mutmaßlichen Ort der Kreuzigung des heiligen Petrus errichteter Rundtempel.

KINO/FLOHMARKT

Das Kino 6 **Nuovo Sacher** (Largo Ascianghi 1, Tel. 06 58 18 11 16, www.sacherfilm.eu), von Regisseur Nanni Moretti gegründet, zeigt Autorenfilme aus aller Welt. Die billigsten Schuhe der Stadt, die aufgedrehtesten Marktschreier, die dünnsten, schlechtesten Handtücher, allerneuste Möhrenschneider und Handtaschen aller (Fake)-Marken, Schrott und Kram, aber auch Strandmode, Kosmetika und Balkonmöbel, schlicht: Alles außer teuer gibt es an der 7 **Porta Portese**, wo So. bis 14.00 Uhr der berühmteste Flohmarkt der Stadt stattfindet (www.portaportesemarket.it).

VERANSTALTUNG

Mitte Juli feiert man ein mehrtägiges Straßenfest, **La Festa de Noantri** (www.festadenoantri.it). Traditionell beginnt es mit einer Bootsprozession auf dem Tiber, dann werden Lichterketten aufgehängt, überall stehen Tische und Stühle draußen, und die Anwohner („Noantri" bedeutet „wir anderen") feiern sich selbst.

RESTAURANTS

Als Bar für den Aperitif beliebt ist das **€ Good** (Vicolo de' Cinque 8). Ein Glas Wein kostet rund 5 Euro, dazu gibt es ein Buffet mit Häppchen und WLAN auf der Terrasse. In einer Seitengasse auf der anderen, ruhigeren Seite der Viale di Trastevere ist das **€ Sette Oche in Altalena** (Via dei Salumi 36, www.setteoche.com) ein ruhiges Lokal. Ordentliche Pasta gibt es schon ab 6,50 Euro. Das **€ € Ristorante Da Massi** (Via della Scala 34, Tel. 06 58 33 38 68) liegt in einer netten Gasse, bietet bodenständige römische Küche zu günstigen Preisen. Die **€ € Trattoria da Lucia** (Vicolo del Mattonato 2, Tel. 065803601) liegt etwas abseits; beliebt sind dort die Spaghetti *Cacio Pepe* für 8 Euro. Leckeres Eis gibt es bei **Blue Ice** (Piazza Santa Maria in Trastevere 4, www.blueiceitalia.com).

UNTERKUNFT

Das **€ Hotel Domus Tiberina** (Via in Piscinula 37, Tel. 065 81 36 48, www.hoteldomustiberina.it) ist in einem alten Palazzo mitten in Trastevere untergebracht und trotzdem nicht zu laut. Das kleine, persönlich geführte **€ € Hotel Villa della Fonte** (Via della Fonte dell'Olio 8, Tel. 06 5 80 37 97, www.villafonte.com) liegt nahe der Piazza Santa Maria im Herzen von Trastevere. Untergebracht ist es in einem Palazzo aus dem 18. Jh. mit schön bepflanzter Frühstücksterrasse.

8 – 12 Testaccio

Der heute 35 m hohe Hügel ist ein zwischen Tiber und Porta San Paolo gelegener antiker „Scherbenhaufen", der entstand, als sich dort die Abfälle aus den Lagerhäusern des Flusshafens anhäuften, vornehmlich Tonscherben (lat. *testae*). Heute ist es schick, hier zu wohnen – Testaccio hat sich zum Trendviertel entwickelt mit Weinkellern und Szenelokalen.

Tipp

Kunst & Bio

Der ehemalige Schlachthof *(mattatoio)* in Testaccio, 15 **Ex Mattatoio di Testaccio**, gilt heute als Denkmal der Industriearchitektur des 19. Jh. und beheimatet Organisationen des alternativen Kulturlebens und der experimentellen Kunst. Zudem findet man auf dem weitläufigen Gelände das der modernen Kunst gewidmete **Macro Testaccio** (Piazza Orazio Giustiniani 4, Tel. 06 67 1 07 04 00, www.museomacro.org, Di. bis So. 16.00–22.00 Uhr). Und es entstand eine rund 3500 m² große „Stadt des anderen Wirtschaftens" mit Bio-Supermarkt, Bio-Bar und Bio-Restaurant. Alle Waren stammen hier von zertifizierten Bio-Erzeugern.

INFORMATION

www.cittadellaltraeconomia.org; über Wechsel-Ausstellungen und Kunstaktionen informiert: www.oggiroma.it/eventi/

Oben: Bar Necci dal 1924 in Pigneto. Rechts unten: Römer lieben „ihre" Bar-Pasticceria Linari in Testaccio. Darüber: im Museo Centrale Montemartini (Testaccio) schaffen Kunst und Architektur spannende Kontraste.

SEHENSWERT/MUSEUM

Auf dem Gipfel des 8 **Monte Testaccio** erinnert ein Holzkreuz daran, dass hier im Mittelalter Passionsspiele stattfanden. Auf dem protestantischen Friedhof, 9 **Cimitero acattolico** (Via Caio Cestio 6, Mo.–Sa 9.00–17.00, So. nur bis 13.00 Uhr, www.cemeteryrome.it), liegen berühmte Ausländer wie die englischen Dichter John Keats (gest. 1821) und Percy Shelley (gest. 1822) sowie der italienische KPI-Gründer Antonio Gramsci (gest. 1937). Auch das Grab von „Goethe, dem Jüngeren", ist hier zu finden: Goethes Sohn August starb 1830 in Rom, „dem Vater vorangehend mit 40 Jahren". Ein pyramidenförmiges Grabmal ließ sich Gaius Cestius Epulonius vor dem Jahr 12. v. Chr. an der nordöstlich angrenzenden Piazza di Porta San Paolo errichten, die zusammen mit der Porta San Paolo von der Aurelianischen Stadtmauer eingefasste 10 **Piramide di Caio Cestio**. In den Hallen des ersten römischen Elektrizitätswerks untergebracht wurde das 11 **Museo Centrale Montemartini** (Via Ostiense 106, Tel. 060608, Di.–So. 9.00–19.00 Uhr, www.centralemontemartini.org). Die Präsentation antiker Statuen aus den Beständen der Kapitolinischen Museen in dem 1912 ans Netz gegangenen, seit rund 20 Jahren stillgelegten Kraftwerk hat ihren ganz eigenen Reiz. Prunkstück des Hauses ist der Maschinenraum mit zwei kolossalen schwarzen Dieselmotoren, die nun von weißen Marmorgöttern flankiert werden.

WOCHENMARKT

Tgl. ab 7.30 bis ca. 13.00 Uhr kaufen die Anwohner des Viertels auf dem Wochenmarkt auf dem 12 **Mercato di Testaccio** (Via Galvani, Mo.–Sa. 6.00–15.00 Uhr) ihren Tagesbedarf an frischem Obst und Gemüse, Fisch und Fleisch.

RESTAURANT

Eine Amphore als Emblem hat die Bar-Pasticceria **€ Linari** (Via Nicola Zabaglia 9, Tel. 0 65 78 23 58, www.pasticcerialinari.com). Lecker sind die *arragoste*, Langusten aus Blätterteig mit Cremefüllung.

NIGHTLIFE

Rund um den Monte Testaccio tobt das römische Nachtleben, aber vor 23.00 Uhr braucht man gar nicht erst zu kommen. **Caruso Cafe de Oriente** (Via di Monte Testaccio 36, Tel. 06 5 74 50 19, www.carusocafe.com) heißt ein Club mit lateinamerikanischer und karibischer Musik. Im **Akab Cave** (Via di Monte Testaccio 69, Tel. 06 57 25 05 85, http://akabclub.com) wird auf zwei Stockwerken getanzt zu House und Black Music, Easy Listening und Electronic. Die **Disco Eto** (Via Galvani 44, Tel. 06 57 28 86 91) ist eleganter, da sollen auch schon Menschen gesehen worden sein, die über 30 Jahre alt sind. Dem jazzbegeisterten früheren Bürgermeister Walter Veltroni verdankt Rom seine **Casa del Jazz** (Viale di Porta Ardeatina 55, südlich von Testaccio, in Ostiense, Tel. 06 70 47 31, www.casajazz.it, Tickets an Veranstaltungstagen ab 19.30, bei Sontagsmatinees ab 10.30 Uhr). Die Villa mit dem großen Park hatte einst dem Mafiapaten Enrico Nicoletti gehört und war konfisziert worden. Veltroni setzte sich für die Umgestaltung ein.

Der größere, östliche Teil des aktuellen Trendviertels Pigneto ist auf den meisten Stadtkarten gar nicht verzeichnet.

⑬ San Lorenzo

In diesem vor der östlichen Stadtmauer liegenden, im Zweiten Weltkrieg bei Angriffen der Alliierten schwer beschädigten Viertel leben heute hauptsächlich Studenten, die an der nahen Universität La Sapienza (www.uniroma1.it) immatrikuliert sind. Politisch ist man traditionell links eingestellt; einst demonstrierten hier Arbeiter gegen Faschisten, marschierten Kommunisten auf, und noch immer treffen sich hier die Ultrás, radikal-fanatische Fußballfans.

SEHENSWERT

Die im Kern auf ihre Errichtung im 4. Jh. zurückgehende, später mehrfach veränderte und erweiterte Basilika **San Lorenzo fuori le Mura** (außerhalb der City-Map, Piazzale San Lorenzo) gehört zu den sieben Pilgerkirchen Roms. Errichtet wurde sie über dem Grab des Märtyrers Laurentius, der im August 258 auf einem glühenden Rost zu Tode gefoltert wurde. Der nahe **Campo Verano** ist der größte Friedhof der Stadt und zugleich eine ruhige, grüne Oase, in der man gut spazieren gehen kann (außerhalb der City-Map, Piazzale del Verano 1, www.cimitericapitolini.it, tgl. 7.30–19.00, im Winter bis 18.00 Uhr).

RESTAURANT

Manche halten es für das beste Fischlokal Roms: das € € **Da Franco ar vicoletto** (Via dei Falisci 1a, Ecke Via dei Latini, Tel. 06 4470 49 58, Mo. geschl.). Dafür sind die Preise noch relativ günstig. An ein junges Publikum richtet sich das modern eingerichtete € **Sotto Sopra** (Via Alberto da Giussano 64, Tel. 0627858414), in dem u.a. Pizza ab 5 Euro serviert wird.

⑭ Pigneto

Das aktuelle Trendviertel, dessen größerer, östlicher Teil auf den meisten Stadtkarten gar nicht verzeichnet ist, bildet ein spitzes Dreieck hinter Gleisen und Tramdepots, eingeklemmt zwischen Umfahrungs- und Hochstraßen, auf denen heute kaum noch Autos fahren. Hier soll sich also die Jugend Roms abends treffen und feiern? Wo nur? Folgen Sie einfach den Graffiti …

SEHENSWERT/RESTAURANTS

Treffpunkt der *movida* ist die zur Fußgängerzone umgewandelte **Via del Pigneto** (außerhalb der City-Map). Dort findet man das vielleicht beste Restaurant im Viertel, das € € **Ristorante Primo al Pigneto** (Via del Pigneto 46, Tel. 067013827, www.primoalpigneto.it, Mo. geschl.), und das € **chiccen** (Via del Pigneto 91, Tel. 3462329506), das vom Brunch bis zum Mitternachtscocktail seinen Gästen offensteht. Im legendären **Necci dal 1924** (Via Fanfulla da Lodi 68, Tel. 0697601552, www.necci1924.com), das heute nur noch den Namen der einstigen Besitzerfamilie trägt, gibt es ab morgens um 8.00 bis nachts um 1.00 Uhr selbstgebackenes Brot und Croissants. An pittoresk vergammelten Tischen und Stühlen serviert man den Kneipengängern u. a. ein Getränk, das „Garibaldi" heißt und sich im Glas als Campari-Orange entpuppt.

Genießen Erleben Erfahren

DuMont Aktiv

Die Kunst des Kochens

Eine Stadt, die sich auf Genuss gründet – so sieht sich die Città del Gusto, ein Koch- und Wein-Haus, das initiiert wurde vom Gambero Rosso, dem italienischen Restaurantführer schlechthin. Auf fünf Stockwerken kann man essen, trinken, lesen, an Degustationen teilnehmen, Weinproben veranstalten oder einfach reden: übers Essen.

Es gibt die Osteria del Gambero Rosso, ein gehobenes Restaurant; abends trifft man sich im Teatro del Vino, der Weinbar. Im dritten Stock schließlich geht es in der Kochschule nicht darum, mal locker Spaghetti zu kochen – hier wird echte italienische Kochkunst vermittelt. Das ist zwar leider nicht billig, aber immerhin können die zumeist mehrtägigen Kochkurse für Gourmets auch Laien besuchen.

Um zu lernen, wie man krosse Pizza vom Blech zubereitet, trifft man sich drei Wochen lang (1200 Euro). Andere Profiköche zeigen, wie moderne italienische Desserts geschichtet und *gelati* professionell gerührt werden. Wem diese Kurse zu aufwendig und zu teuer sind, der kann in den dazugehörigen Laden gehen. Dort findet man Spezialitäten aus allen italienischen Regionen – und jede Menge Kochbücher. Und wem selbst das noch zu umständlich ist, der besorgt sich hier einfach die neueste Ausgabe des bekanntesten Gambero-Rosso-Buches: den auch auf Deutsch übersetzten Band „Osterie d'Italia".

Übung macht den Meister: Kochen, darüber reden und davon lesen – all das kann man in der Città del Gusto im Süden von Trastevere.

Weitere Informationen

Città del Gusto
Via Enrico Fermi 161,
Tel. 06 55 11 22 11, www.gamberorosso.it,
www.touristinformation.de

Ein Tag am Meer

Alle Straßen führen nach Rom – und einige auch wieder aus der Stadt heraus; eine der schönsten ist die Via Appia Antica. Von Pinien und Zypressen gesäumt, liegt sie in der archaischen Landschaft der römischen Campagna. Düster zu geht es in den Katakomben, die den frühen Christen als Begräbnisstätten dienten. Da freut man sich auf Ostia: Auch dort gibt es interessante Ausgrabungsstätten, vor allem aber ist es von dort nicht mehr weit bis ans Meer, zum „Strandbad der Römer“.

Lido di Ostia: Je weiter südlich man kommt, desto mehr Platz ist an den Stränden.

„Diese Menschen arbeiteten für die Ewigkeit, es war auf alles kalkuliert, nur auf den Unsinn der Verwüster nicht, dem alles weichen musste."

Johann Wolfgang von Goethe

Via Appia Antica: Diese Pflastersteine sind rund 2000 Jahre alt. Angelegt wurde die Straße vier Meter breit, damit zwei Karren bequem aneinander vorbeikommen konnten.

Jogger an der Aurelianischen Stadtmauer, zwischen der Porta San Sebastiano und der Cestius-Pyramide

Der Aventin ist der südlichste Hügel Roms. Die ersten Orangenbäume soll der heilige Dominik gepflanzt haben, nun liegen dort junge Leute auf der Wiese, wo ihnen paradiesisch die Früchte in den Schoß fallen. Auf den Parkbänken sitzen Menschen und lesen. Nachbarn können es kaum sein, denn wer hier oben eine Villa hat, der hat selbst einen Park – der Aventin gehörte schon in der Antike zu den edelsten Wohngegenden Roms. Ganz vorne aber im Orangengarten sitzen auf dem Mäuerchen überm Tiberufer Touristen aus aller Welt, lassen die Beine baumeln über den Kapernbüschen und freuen sich am Panoramablick auf Trastevere, Gianicolo und die Kuppel des Petersdoms. Und da dieses Panorama ein beliebter Hintergrund für Fotos ist, kommt alle naselang ein Fotograf vorbei, mit einem frisch getrauten Paar im Schlepptau. Dabei geht die Zahl der Eheschließungen auch in Italien zurück. Die Frauen heiraten erst mit etwa 30, die Männer mit 33 Jahren. Und ein Drittel der gut 200 000 Eheschließungen wird auch im einst so katholischen Italien heute beim Bürgermeister geschlossen, nicht in der Kirche.

„Herr, wohin gehst du?"

Wer ist schon alles über diese Straße gegangen! Die von dem römischen Zensor Appius Claudius Caecus ab dem Jahr 312 v. Chr. angelegte antike Straße führte zunächst von Rom nach Capua, dann bis Brundisium, dem heutigen Brindisi, insgesamt rund 580 Kilometer. Von dort sollte der Orient erobert werden. Truppen zogen hin und her, viel Blut wurde vergossen; auch der Spartakus-Aufstand fand hier sein entsetzliches Ende: Rund 6000 Sklaven, die die schrecklichen Kämpfe überlebt hatten, wurden im Jahr 71 v. Chr. entlang der Straße gekreuzigt. Hier auf der Via Appia war es auch, wo dem heiligen Petrus, der aus Angst vor dem Martyrium aus der Stadt fliehen wollte, ein Wanderer begegnet sein soll, den er fragte: *Domine, quo vadis?* – „Herr, wohin gehst du?" An dieses Ereignis erin-

Ostia Antica entstand im 4. und 3. vorchristlichen Jahrhundert als Handels- und Kriegshafen des antiken Rom.

Auf dem Grabungsgelände wandelt man heute fast allein und bekommt dabei eine ähnlich gute Vorstellung vom Leben in der Antike wie im viel bekannteren Pompeji.

Alte Mosaiken und Säulenreste zeugen von vergangener Pracht.

Faschismus am Bau: Mussolinis gigantische Trabantenstadt E.U.R., ab 1937 im Süden Roms …

… errichtet, verging sich architektonisch an der Antike und scheiterte am eigenen Größenwahn. Auffälligstes Bauwerk ist der Palazzo della Civiltà del Lavoro, das „viereckige Kolosseum".

Cinecittà-World

Special

Für eine Handvoll Dollar

Das ab dem Jahr 1937 entstandene Filmstudiogelände im Süden Roms entwickelte sich nach dem Zweiten Weltkrieg zum „Hollywood am Tiber". Von Fellini über De Sica und Rossellini bis zu Visconti drehte hier alles, was im italienischen Film Rang und Namen hat. Auch die Amerikaner produzierten dort, vor allem Sandalenfilme wie Ben Hur und Quo Vadis. Auf römische Historienschinken folgten Spaghettiwestern etwa von Sergio Leone; auch Mel Gibsons umstrittener Jesusfilm „Die Passion Christi", wurde hier (und in Süditalien) gedreht. Insgesamt hat man in Cinecittà mehr als 3000 Filme produziert. 90 davon wurden für den Oscar nominiert, 47 erhielten die begehrte Auszeichnung.

Im Jahr 1997 von der italienischen Regierung privatisiert, sind heute große Teile des Komplexes stillgelegt. An den alten Mythos erinnert noch ein Vergnügungspark: Cinecittà World (www.cinecittaworld.it) öffnete 2014

Kein Müßiggänger: Fellinibüste in Cinecittà

die Pforten zu einer ganz dem Film und dem Kino gewidmeten Welt. Die Gestaltung des Parks leitete Dante Ferretti, der selbst dreimal mit einem Oscar für das beste Szenenbild ausgezeichnet wurde. Auf rund 20 Hektar verteilen sich Originalfilmkulissen etwa von Martin Scorseses „Gangs of New York", Kinosäle, Achterbahn und viele Filmfiguren vom antiken Rom mit Ben Hur oder Dantes Inferno.

nert die kleine Kirche Santa Maria in Palmis, die auch Chiesa del Domine Quo Vadis genannt wird. „Ich komme, um mich ein zweites Mal kreuzigen zu lassen", soll der Wanderer dem Petrus geantwortet haben, worauf dieser, beschämt durch das Wort Christi, zurück nach Rom ging, dem Märtyrertod entgegen. Im Inneren der kleinen Kirche sollen zwei Abdrücke die Fußspur Christi zeigen, und natürlich klingt diese fromme Legende viel schöner als die prosaische Nachricht, dass es sich in Wahrheit um ein Votivbild handelt, das als Dank für den glücklichen Ausgang einer Reise gestiftet wurde.

Die Königin der Straßen

Regina viarum, Königin der Straßen, wird die Via Appia auch genannt. Kreuzfahrer machten sich hier auf den Weg ins Heilige Land, Goethe flanierte in die römische Campagna, ließ sich von Tischbein malen, war begeistert vom – unter Augustus zu Ehren der Tochter eines römischen Konsuls gebauten – Grabmal der Cecilia Metella. In moderner Zeit marschierten hier Amerikaner – die Alliierten waren zunächst auf Sizilien gelandet, dann nach Kalabrien übergesetzt und befreiten schließlich am 4. Juni 1944 Rom. Sechzehn Jahre später traf sich die Jugend der Welt zu Olympischen Sommerspielen in der Ewigen Stadt; dabei

Heiße Tage: Kleine Abkühlung gefällig?

Strandleben: Man kann ja nicht dauernd unter der Dusche stehen.

Retro ist hier nur der Look: Das Strandbad Kursaal mit seinem kreisrunden Zehnmeter-Sprungturm gehört zu den besseren, aber auch teureren Strandbändern in Lido di Ostia.

Baden vor der Haustüre – Römer am Meer

Am Lido di Ostia reservieren Familien gleich für den ganzen Sommer eine Kabine.

gewann der Äthiopier Abebe Bikila als erster Schwarzafrikaner in der olympischen Geschichte eine Goldmedaille – im Marathonlauf. Dass dieser Lauf zum Teil auf der holprigen Via Appia Antica ausgetragen wurde, schien Bikila schien nicht zu stören: Er lief barfuß.

Wer heute auf der Via Appia Antica entlangspaziert, den erinnert dort nichts ans moderne Rom. Es gibt keine Werbetafeln, nicht mal einen Kiosk oder eine Bar. Sonntags kann man mit dem Rad dorthin fahren, viele Straßen in der Innenstadt sind für den Autoverkehr gesperrt. Eine gemütliche Radtour ist das nicht – das alte römische Pflaster aus Basaltsteinen ist zwar hübsch anzusehen, lässt die Fahrt aber ziemlich ruppig werden. Man sollte sich ein Picknick mitnehmen und dann auf Säulenresten rasten, im Schatten von Schirmpinien.

Das Strandbad der Römer

Ein idyllischer Ausflug ans Meer sieht anders aus. In der Bahn kleben verschwitzte Körper aneinander, die Strandtaschen dazwischengekeilt. Am Lido di Ostia reservieren Familien gleich für den ganzen Sommer eine Kabine – ein kleines Holzhäuschen als Umkleide, Wein-Depot, Lager für Sonnenschirme und aufblasbare Krokodile. Urlauber begnügen sich mit einer Strandliege samt Sonnenschirm für einen Tag. Es gibt Duschen, eine Bar, Eis und ambulante Händler mit allerlei Krimskrams. Das Meer ist nicht gerade azurblau, aber das Wasser relativ sauber und die Wellen plätschern am Strand: Was will man mehr?

Ostia, antik

Nur rund 25 Kilometer liegt Ostia von Rom entfernt. Auf dem Grabungsgelände Ostia Antica wandelt man heute fast allein und bekommt eine gute Vorstellung vom Leben in der Antike: In der im Jahr 355 v. Chr. gegründeten, über Jahrhunderte hinweg gut florierenden Hafenstadt gab es prachtvolle Villen, Märkte, Bäder, Tavernen, Sportstätten und ein großes Theater. Bis zu 100 000 Menschen lebten damals in der Stadt; allerdings wurde die Bevölkerung mehrfach durch Malariaepidemien dezimiert. Zurück am Strand bemerkt man die Auswirkungen der Wirtschaftskrise: Viele Familien kommen mit Schirm, Stuhl und Melone hier an, ziehen mit vollgepackten Kühltaschen an einen freien Strand. Ein Espresso an der Bar und das Eis für die Kinder sind aber unverzichtbar. Einen schönen Abschluss so eines Sommertages bildet ein Fischessen auf einer Terrasse am Meer, ein Schluck Weißwein dazu, den rotgoldenen Sonnenuntergang betrachten, und dann mit der Metropolitana zurück in die Stadt.

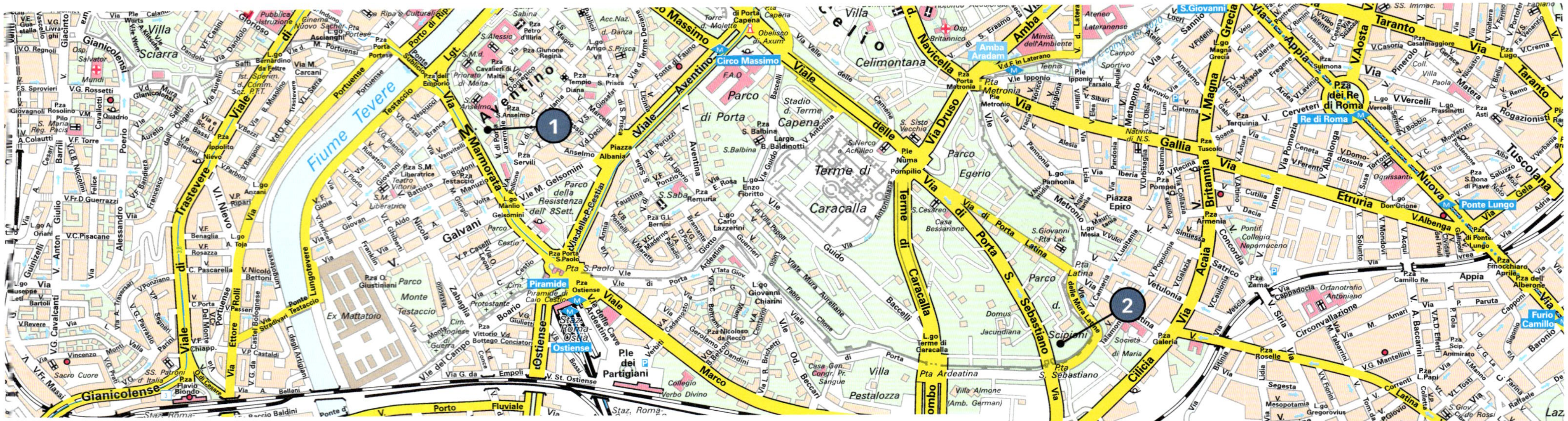
Fiume Tevere
Aventino
Celimontana
Terme di Caracalla
Parco di Porta Capena
Circo Massimo
Piramide
Ostiense
Trastevere
Gianicolense
1
2

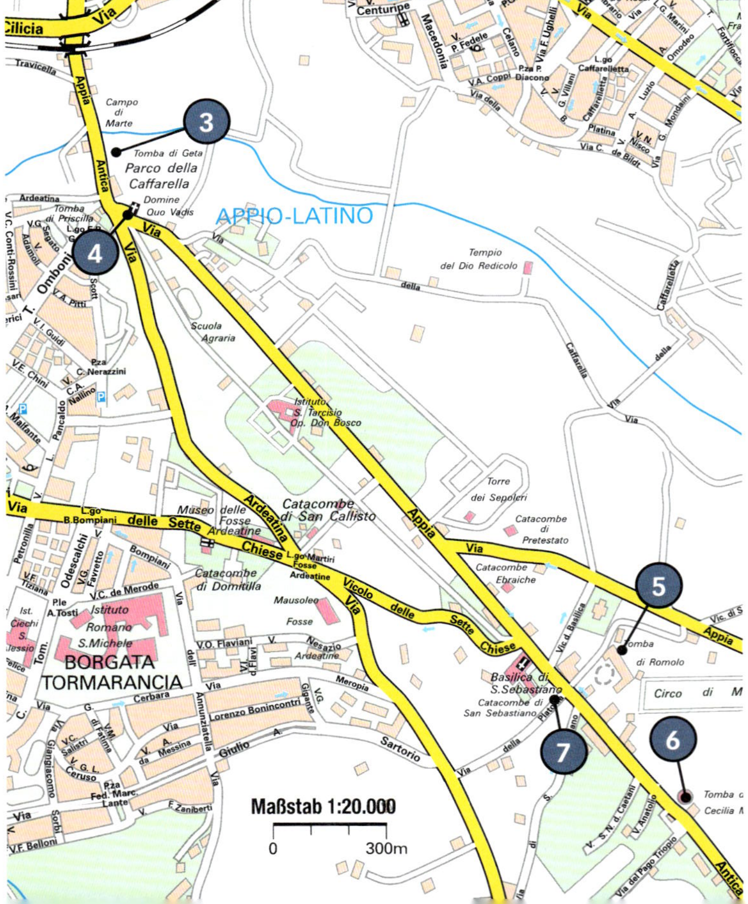
APPIO-LATINO
Parco della Caffarella
Catacombe di San Callisto
Basilica di S.Sebastiano
BORGATA TORMARANCIA
Via Appia Antica
3
4
5
6
7
Maßstab 1:20.000
0
300m

Maßstab 1:250.000
0
2
4km
ROMA
CITTÀ DEL VATICANO
FIUMICINO
CIAMPINO
MARINO
ALBANO
Castel Gandolfo
Frascati
8
9
10
11

Raus aus der Stadt

Rom ist großartig, aber auch groß und anstrengend. Wer mehr als nur ein paar Tage in der Stadt verbringt, der wird mal raus wollen aus dem Getümmel. Schon ein kleiner Ausflug auf der Via Appia Antica sorgt für Ruhe. Zwar ist es am Meer nicht wirklich einsam, aber so ein Tag am Strand wappnet einen für eine weitere Woche in der Stadt.

1 Monte Aventino

Der südlichste Hügel von Rom gehörte bereits in der Antike zu den edelsten Wohngegenden der Stadt.

SEHENSWERT
Der **Aventin** wird durchzogen von der **Via di Santa Sabina**, benannt nach der im 5. Jh. erbauten Basilika **Santa Sabina** (Piazza Pietro d'Illiria 1). Trotz mehrerer Umbauten blieben die originalen Türen aus Zypressenholz erhalten, sie sind die ältesten erhaltenen geschnitzten Holztüren christlicher Kunst und zeigen Kreuzigungs-Szenen. Die Gebäude des Malteserordens (**Priorato dei Cavalieri di Malta**, Via di Santa Sabina 3) sind für die Öffentlichkeit nicht zugänglich, aber ein Schlüssellochblick (auf die am Ende einer Allee sichtbare Kuppel der Peterskirche) ist erlaubt – man reihe sich nur ein in die Schlange auf der Straße.

Tipp

Lido-Alternative

Wem der Lido di Ostia zu überlaufen ist, der fährt von Rom aus nicht in südwestlicher, sondern nordwestlicher Richtung mit dem Zug in Richtung Civitavecchia und ist in etwa einer Dreiviertelstunde in **Santa Marinella**, einem kleinen Ort mit einer sichelförmigen Sandbucht. Vom Bahnhof sind es keine 500 Meter zum Strand: Auch hier steht Schirm an Schirm, aber es ist weniger los und nicht so viel Halligalli. Man zahlt etwa zwei Euro für die Strandnutzung oder liegt umsonst mitten im Ort auf den Felsen; das Meer blau, das Eis am Stiel. Und abends geht es zurück mit dem Zug, das Salz klebt noch auf der Haut, man steigt zum Beispiel am Bahnhof San Pietro aus, das Handtuch um den Hals, sieht am Bahnsteig Römer und Römerinnen in Anzügen und Kostümchen aus den Büros kommen – und lässt daraufhin schlendernd den Tag ausklingen.

Oben: Sonntagsspaziergang auf der Via Appia Antica. Rechts oben: Rosengarten auf dem Aventin. Darunter: das Grabmal der Cecilia Metella an der Via Appia Antica.

UNTERKUNFT
Im € € **Hotel Villa San Pio** (Via Santa Melania 19, Tel. 06570057, www.aventinohotels.com) schläft man ruhig. Der Hotelkomplex besteht aus drei Villen in einem großen Garten. Zu den touristischen Zentren ist es ein bisschen weiter, dafür liegt das Ausgehviertel Testaccio praktisch zu Füßen des Aventin.

2 – 7 Via Appia Antica

Der offizielle Beginn der antiken Militär- und Handelsstraße liegt heute nicht mehr wie einst bei der Porta Capena am Südabhang des Palatin, sondern bei der Porta San Sebastiano, einem Stadttor in der Aurelianischen Stadtmauer, das im Altertum „Porta Appia" genannt wurde. Die ersten, noch im Stadtgebiet Roms liegenden 16 km der „Königin der Fernstraßen" schützt seit 1988 der 1997 erweiterte Parco Regionale dell'Appia Antica (www.parcoappiaantica.it).

SEHENSWERT
Die wechselvolle Baugeschichte der Aurelianischen Stadtmauer erläutert das kleine 2 **Museo delle Mura** (Via di Porta San Sebastiano 18, www.museodellemuraroma.it, Di.–So. 9.00 bis 14.00 Uhr), von dem aus man ein Stück die alten Wehrgänge der Stadtmauer entlanggehen kann. Gleich gegenüber dem Stadttor beginnt die ab dem Jahr 312 v. Chr. errichtete, nach dem Zensor Appius Claudius Caecus benannte 3 **Via Appia Antica** TOPZIEL. Die Appische Straße war genormt, ihre Breite betrug 14 römische Fuß, etwa 4,15 Meter, damit zwei Wagengespanne aneinander vorbeifahren konnten. Neben der Fahrbahn gab es zwei durch einen Bordstein von der Straße getrennte Fußgängerwege aus gestampfter Erde. Alle neun oder zehn Meilen konnten die Reisenden Halt machen, um die Pferde zu wechseln und sich zu erfrischen. Empfehlenswert ist ein Besuch der Via Appia Antica an Sonn- und Feiertagen, da die Straße dann von 9.00 bis 16.00 – im Sommer bis 18.00 Uhr – weitgehend für Autofahrer gesperrt ist. An die Begegnung des heiligen Petrus mit dem „Wanderer" erinnert

Im Uhrzeigersinn von oben links: das antike Amphitheater von Ostia Antica, römische Baywatch-Control am Strand von Lido di Ostia, Caseggiato del Thermopolium (Häuserblock mit Garküche auf dem Ausgrabungsgelände, Abschied von einem schönen Tag am Meer – jetzt geht es zurück nach Rom.

die kleine Kirche ❹ **Santa Maria in Palmis**, auch Chiesa del Domine Quo Vadis genannt. Wegen des damaligen Bestattungsverbots innerhalb der Stadtgrenze entstanden entlang der römischen Ausfallstraßen regelrechte Nekropolen. Auch die Via Appia Antica wird bis heute von vielen Familien- und Gemeinschaftsgräbern gesäumt. So erhebt sich im Park der ❺ **Maxentiusvilla** (Via Appia Antica 153, Di.–So. 10.00–16.00 Uhr) ein wohl dem Valerius Romulus, dem Sohn des Maxentius (Kaiser 306–312), gewidmetes Mausoleum. Auffälliger ist das Grabmal der Cecilia Metella, ❻ **Tomba di Cecilia Metella** (Via Appia Antica 161, Di.–So. 9.00 Uhr bis eine Stunde vor Sonnenuntergang, http://archeoroma.beniculturali.it/siti-archeologici/mausoleo-cecilia-metella), ein pompöser Rundbau direkt an der Straße, der einst den inkognito reisenden Goethe ziemlich beeindruckte. Aber nicht jeder konnte sich solch monumentale Gräber leisten, Art und Aussehen der antiken Grabstätten unterscheiden sich je nach sozialer Zugehörigkeit und Begräbnisritus. Schon damals gab es sowohl Erd- als auch Feuerbestattung. In republikanischer Zeit bevorzugte man die Einäscherung, wovon viele Kolumbarien (Kammern mit Nischen für Tausende von Graburnen) zeugen, in der Kaiserzeit war die Erdbestattung weiter verbreitet, was die Einrichtung von Katakomben notwendig machte – labyrinthartig weit verzeigte unterirdische Friedhöfe, die schon den frühen Christen nicht nur als Begräbnis-, sondern oft auch als Kultstätten dienten, wie zum Beispiel die 2010 in den Katakomben von **Santa Tecla** entdeckten bisher ältesten Bildnisse der vier Apostel Paulus, Petrus, Andreas und Johannes zeigen. Die „erhabensten und berühmtesten" (Papst Johannes XXIII.) Katakomben Roms sind die Calixtus-Katakomben, ❼ **Catacombe di San Callisto** (Via Appia Antica 110, Do.–Di. 9.00–12.00, 14.00–17.00 Uhr, www.catacombe.roma.it/it/index.php), vermutmutlich die ältesten christlichen Katakomben der Stadt. Auf vier Geschossen und einer Fläche von 300 mal 400 m erstreckt sich hier, nach dem zweiten Meilenstein der Via Appia Antica, ein enges, in den weichen Tuffstein getriebenes Netz von Gängen und Grabkammern mit geschätzten 170 000 Gräbern.

RESTAURANT
Kurz nach dem Grabmal der Cecilia Metella gibt es das € **Appia Antica Caffè**, die einzige Bar weit und breit; wer nichts zu trinken mitgenommen hat, kann sich hier noch eindecken für den weiteren Weg. Es gibt auch einen Fahrradverleih (Via Appia Antica, Ecke Via Cecilia Metella Roma, www.appiaanticacaffe.it).

❽ E.U.R. – Esposizione Universale di Roma

Die „Esposizione Universale di Roma" (E.U.R.), eine gigantische Trabantenstadt mit Wohnquartieren, Museen und öffentlichen Parkanlagen im Süden Roms, sollte die Macht des Faschismus zementieren, im Wortsinn. Wegen des Krieges fand Mussolinis geplante Weltausstellung 1942 zwar nicht statt, gleichwohl wurde das seit dem Ende der 1930er-Jahre entstandene Viertel – heute mit seinen weiten Grünanlagen eine beliebte Wohngegend – bis 1951 fertiggestellt. Um einen Blick auf Mussolinis antikisierende Monumentalarchitektur zu werfen, braucht man nur auf der Fahrt nach Ostia an der Metro-Station Magliana auszusteigen.

SEHENSWERT
Markantester Bau ist der **Palazzo della Civiltá del Lavoro**, ein sechsstöckiger, quaderförmiger Arbeitspalast am Quadrato della Concordia, der mit seinen 216 Rundbogenarkaden an das Colosseo erinnert und deshalb auch „viereckiges Kolosseum" genannt wird. Unweit davon erhebt sich der Kuppelbau des **Palazzo dei Congressi**. Der **Palazzo dello Sport**, ein Rundbau von Marcello Piacentini und Pier Luigi Nervi, wurde erst 1957 für die drei Jahre später stattfindenden Olympischen Sommerspiele in Rom fertiggestellt. Für den Einzug der architektonischen Moderne in diesem Stadtviertel soll der römische Architekt Massimiliano Fuksas sorgen. Doch sein Kongresszentrum „Nuvola – Wolke" wird mit 400 Millionen Euro fast doppelt so teuer wie veranschlagt. 2015 kamen Pläne auf, Museen der E.U.R. zu verkaufen, um es zu realisieren. Der Kongresstourismus würde Rom gut tun, hieß es aus der Stadtregierung.

❾ – ❿ Ostia

Gemäß der antiken Tradition wird die Gründung dieser ersten römischen Kolonie dem legendären vierten römischen König zugeschrieben, Ancus Marcius (640–616 v. Chr.), die ältesten architektonischen Spuren der antiken Hafenstadt wurden aber auf das 4. Jh. v. Chr. datiert. Für die Fahrt hierher bieten sich öffentliche Verkehrsmittel an: Mit der Metropolitana B fährt man bis zur Station Piramide und steigt dort um in den Vorortzug, in dem das Metroticket weiter gilt. Ostia Antica hat eine eigene Haltestelle, am Lido gibt es mehrere Stationen, von denen die erste (Lido Nord) noch zu weit vom Strand entfernt ist; die Endhaltestelle heißt Lido C. Colombo. Dort geht es am Strand noch etwas ruhiger zu.

Nachdem der Charme der Badeanstalten lange verblasste, finden die Hauptstädter den Besuch in „ihrem" Strandbad nun wieder schick.

SEHENSWERT

Obwohl das antike Ostia, 9 **Ostia Antica** TOPZIEL (Scavi di Ostia, Via dei Romagnoli 717, www.ostiaantica.beniculturali.it, Di.–So. 8.30 bis 17.00, im Sommer bis 19.00 Uhr), an der Mündung des Tiber ins Meer gegründet wurde, befindet es sich heute aufgrund der allmählichen Versandung durch das Schwemmgut des Flusses etwa 7 km landeinwärts. In der römischen Kaiserzeit entwickelte sich Ostia zu einem Welthafen mit bis zu 100 000 Einwohnern. Die seit dem 19. Jh. ausgegrabenen antiken Reste gehören mit Pompeji und Herkulaneum zu den am besten erhaltenen römischen Ruinenlandschaften. Ein besonderes Erlebnis sind im Sommer die im **Teatro Romano** auf dem Ausgrabungsgelände veranstalteten Konzerte. Einlass ist ab 20.00, die Veranstaltungen beginnen um 21.00 Uhr).

Die allmähliche Versandung durch Schwemmgut trug auch zum Niedergang der Hafenstadt bei, wo sich heute der 10 **Lido di Ostia** TOPZIEL (Info-Point Lido di Ostia: Lungomare Paolo Toscanelli, Höhe Piazza Anco Marzio, geöffnet tgl. 9.30–19.00 Uhr, www.turismoroma.it) befindet, lag früher das offene Meer. Das moderne Ostia sollte man sich aber nicht als idyllisches Fischerdorf vorstellen, sondern als einen relativ gesichtslosen Ort, bei dem der direkte Weg zur Strandpromenade (Lungomare) wohl auch der beste ist. Es wurde im Jahr 1908 als Küstengemeinde Roms gegründet und 1927 mit der Via del Mare, der ersten Autobahn Italiens, an die Hauptstadt angebunden. Nachdem der Charme der Badeanstalten, Diskotheken und Bars am Lungomare in den letzten Jahrzehnten zunehmend verblasste, finden die Hauptstädter den Besuch in „ihrem" Strandbad nun wieder schick.

RESTAURANTS

Erstaunlicherweise gibt es nur wenige Restaurants mit einer Terrasse direkt am Meer. Bei Familien beliebt ist das bodenständige € € **Arcobaleno** (Lungomare Toscanelli 185, Tel. 06 56 742 98) – hier kann man auf einer Holzterrasse gemischte Meeresfrüchte als üppige Vorspeise für etwa 12 Euro genießen. Am ruhigeren, südlichen Ende liegt das € € **La Vecchia Pineta**, zu dem ebenfalls ein elegantes Restaurant mit schöner Terrasse gehört. Auf der Website (www.lavecchiapineta.com) ist auch ein etwa in den 1960er-Jahren gedrehter Schwarzweißfilm zu sehen, in dem die Massen zum Strand stürmen. Sehr amüsant.

UNTERKUNFT

In Anbetracht der unkomplizierten Bahnverbindung kann man natürlich auch in Meernähe wohnen und zu Ausflügen in die Stadt fahren. Etwa im € **La Melis** (Via Capo Spartivento 94, Tel. 0392 3 25 32 60, www.lamelis.it), einem nur wenige Schritte vom Meer und von der U-Bahn Lido Nord entfernten Appartmenthotel.

Direkt am Meer mit Blick ins Blaue wohnt man im leicht angekitschten € € **Hotel Sirenetta** (Lungomare Paolo Toscanelli 46, Ostia Lido, Tel. 06 5 62 23 10 oder 06 5 62 27 20, www.hotel sirenettaostia.com).

Genießen Erleben Erfahren

DuMont Aktiv

Ausflug zur päpstlichen Sommerresidenz

Der Sommersitz des Papstes liegt rund 20 km südöstlich von Rom in den Albaner Bergen: Erworben wurde 11 Castel Gandolfo von der katholischen Kirche erst gegen Ende des 16. Jahrhunderts. Urban VIII. war im Jahr 1626 der erste Papst, der hier seinen Urlaub verbrachte. Zusammen mit der benachbarten Villa Barberini gehört das Gebiet seit 1929 als exterritoriale Zone zum Vatikanstaat. Was sich dort 2013 ereignete, war mehr als 700 Jahre lang nicht möglich gewesen: Ein emeritierter Papst empfing seinen Nachfolger zu Besuch – Benedikt XVI. hieß den neuen Papst Franziskus in Castel Gandolfo willkommen. Seit 2014 können auch die Papst-Gärten von Normalsterblichen besucht werden, seit 2015 sogar der Papst-Palast: Zwar bleibt der Zutritt zu den privaten Gemächern der Päpste verwehrt, aber man darf auf die große Terrasse, von der man einen herrlichen Blick hat.

Papstresidenz mit Sternwarte (oben) und Blick auf den Lago Albano (unten).

Die Castelli Romani, wie die Römer die 16 Gemeinden an und in den Albaner Bergen nennen, sind für ihren Wein berühmt; im Herbst finden viele Weinfeste statt. Besonders schön ist die Anreise mit dem Zug nach Frascati, entlang des Aquädukts. Traumhaft der Blick dann auf den Kratersee. Vor rund 100 Jahren wäre hier beinahe ein spektakuläres Freilufttheater entstanden. Doch das Projekt des Dichterdandys Gabriele D'Annunzio und seiner Geliebten, der Schauspielerin Eleonora Duse, scheiterte an der Finanzierung.

Weitere Informationen

Anreise Mit dem Auto von der Ringautobahn (G.R.A.) auf der N215 bis Frascati bzw. der N7 bis Castel Gandolfo. Im Zug ab Roma Termini nach Frascati oder Castel Gandolfo.

Info Führung: http://mv. vatican.va/1_CommonFiles/pdf/CastelGandolfo_info_de.pdf

Essen & Trinken
Zaraza (Mo. und von Okt. bis Mai auch So. abends geschl., Via Regina Margherita 45, Frascati, Tel. 06 9 42 20 53, http://trattoria zaraza.it/lastoria/).
In dieser Osteria wird typische Küche des Latium serviert, also auch Innereien und Wein aus der Gegend.

Die interessantesten Unterkünfte

Wie man sich bettet, so liegt man …

Was darf es denn sein: mit Blick auf die Peterskirche, auf die Spanische Treppe oder in einen römischen Hinterhof? Möchten Sie gern in einem (ehemaligen) Kloster logieren, von moderner Kunst umgeben, in einem Biohotel – oder soll es doch „nur" wieder der gute alte Luxus sein? Was immer Sie suchen – die Auswahl ist groß, und wir verraten Ihnen an dieser Stelle unsere ganz persönlichen Favoriten.

1 Hotel Art

Die Via Margutta ist die passende Umgebung für das Hotel Art. Umgeben von Galerien und Antiquitätenläden, fügt sich das Designkonzept schön ins Kunst-Quartier. Auch wenn das Haus an sich viel älter ist – die Rezeption des Luxushotels ist in einer einstigen Kapelle untergebracht. Ein schöner Rückzugsort, wenn man vom Trubel der nahe gelegenen Spanischen Treppe erschöpft ist.

Via Margutta 56,
Tel. 06 32 87 11,
www.hotelart.it

2 Casa di Santa Francesca Romana

Das Haus der hl. Franziska liegt im Stadtteil Trastevere, in der Nähe der Basilika der hl. Cäcilia. Jahrhundertelang wohnte hier das Adelsgeschlecht der Ponziani. Die heilige Franziska von Rom, Gemahlin von Lorenzo de Ponziani, bewohnte es 40 Jahre lang. In dieser Zeit soll sie zahlreiche Wunder vollbracht haben. Mit Innenhof und kleiner Kapelle.

Via dei Vascellari 61,
Tel. 06 58 12 125,
www.sfromana.it

3 Casa Carmelitana

Wenige Schritte von der Engelsburg und der Peterskirche entfernt gelegen, befindet sich das Gästehaus der Karmeliten. Ein Raum ist dem Dialog zwischen den Religionen gewidmet. Hier werden auch Tagungen nicht langweilig – der Tagungsraum ist mit Fresken dekoriert.

Casa di Procura S. Alberto Patriarca di Gerusalemme,
Via Alberico II 44,
Tel. 06 68 40 191,
www.domuscarmelitana.com/de

4 Pilgerhotel

Das von einem mediterranen Garten umgebene Gästehaus des Deutschen Ordens in Rom, eine Jugendstil-Villa mit 24 Zimmern, liegt in einem gutbürgerlichen Viertel an der alten Römerstraße „Via Nomentana" (außerhalb des Zentrums). In der Nachbarschaft befinden sich die frühchristlichen Kirchen Santa Costanza und Sant' Agnese sowie auf dem Grundstück selbst eine frühchristliche Katakombe, die jedoch aus Sicherheitsgründen nicht besichtigt werden kann.

Via Nomentana 421,
Tel. 06 86 21 80 12,
www.gaestehaus-rom.it

5 Aldrovandi

Das prächtige Gebäude der Nobelherberge wurde einst als Kloster erbaut und liegt sehr schick am Rand der Gärten der Villa Borghese. Man kommt leicht zu Fuß zur Spanischen Treppe, aber wer hier logiert, der hat zweifellos auch das Kleingeld für einTaxi rund um die Uhr. Mit Pool.

Via Ulisse Aldrovandi 15,
Tel. 06 32 23 993,
www.aldrovandi.com

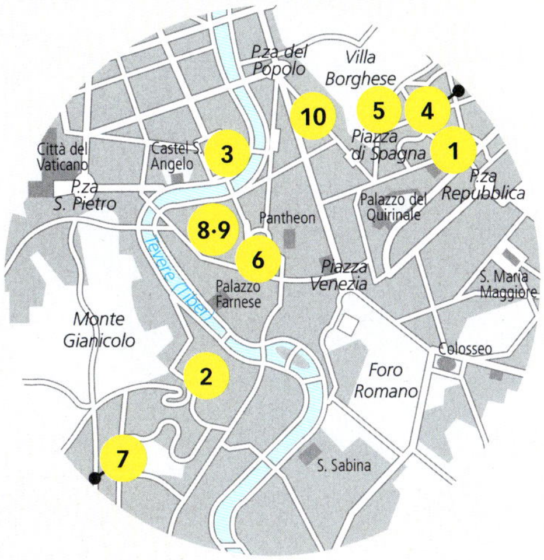

6 Albergo del Sole

Das Hotel gilt als ältestes der Stadt – weil an seiner Stelle schon ganz früh Pilgerherbergen standen. Es liegt schön zentral, nur wenige Meter vom Campo de' Fiori und nicht weit von der Piazza Navona entfernt. Erbaut wurde es über den Resten des Teatro di Pompeo, in dem, so heißt es, einst Caesar ermordet wurde. Das ist allerdings schon ein Weilchen her, anno 44 v. Chr., genau genommen; Sie brauchen sich also keine Sorgen zu machen. Mit Dachgarten.

Via del Biscione 76,
Tel. 06 68 79 446,
www.solealbiscione.it

7 Ecohotel Roma

Während in manch anderem Hotel noch Einweg-Geschirr verwendet wird, ist hier alles öko, sogar die Umgebung. Das Hotel Roma liegt im Naturschutzgebiet der Valle dei Casali (außerhalb des Zentrums), beim Blick aus dem Zimmer wähnt man sich irgendwo im Grünen, nicht mitten im Stadtbereich von Rom. Es gibt Leihräder und Elektroroller, und zum Saubermachen der Zimmer werden ausschließlich biologische Reinigungsmittel benutzt.

Via Di Bravetta 91,
Tel. 06 66 15 69 20,
www.ecohotelroma.com

8 G-Rough Luxury Suites

Die Wände im Shabby Shick, die Möbel von italienischen Designern seit den 1930er-Jahren. Originalstücke – kombiniert mit Barock-Elementen. Leider bezieht sich das Shabby nicht auf die Preise; also teuer. Weil Design. Und in der Nähe der Piazza Navona gelegen. Wer es sich leisten kann, bucht das 90 Quadratmeter große Penthouse auf dem Dach.

Piazza di Pasquino 69,
Tel. 06 68 80 10 85,
www.g-rough.it

9 Raphael

Das schönste an dieser nur wenige Schritte von der Piazza Navona entfernten Nobelherberge ist die Terrasse, also der Blick – also die Stadt Rom selbst als Hauptdarsteller in einer hier in höchstem Luxus schwelgenden Inszenierung. Erfreulich aber auch: der „ökologische Mehrwert", den die Mitgliedschaft im „Bio Hotels"-Netzwerk verspricht. Klar, dass das auf der Terrazza kredenzte Gourmetmenü dann auch nur ein vegetarisches (oder veganes) sein kann.

Largo Febo 2,
Tel. 06 68 28 31,
www.raphaelhotel.com

10 Hotel de Russie

Als „Paradies auf Erden" pries der französische Dichter Jean Cocteau (1889 bis 1963) dieses zwischen der Piazza del Popolo und der Spanischen Treppe gelegene Hotel, und natürlich ist ein solches Zitat auch eine Verpflichtung. Wie sehr man hier dieser Verpflichtung gerecht wird, muss jeder für sich selbst entscheiden. „Luxus" ist dabei jedenfalls keine Kategorie – den setzt man hier einfach voraus.

Via del Babuino 9,
Tel. 06 32 88 81,
www.roccofortehotels.com/de/hotels-and-resorts/hotel-de-russie

Oben: Der „Mund der Wahrheit" (Santa Maria in Cosmedin). Rechts oben: Auf Sightseeing-Tour im Bus. Darunter: Die Wölfin mit Romulus und Remus vor dem Kapitol.

Service

Praktische Informationen für die Reise und einiges Wissenswerte über den Aufenthalt in der „Ewigen Stadt" haben wir auf diesen Seiten für Sie zusammengefasst.

Anreise

Mit dem Auto: Von München über Innsbruck und den Brenner, Verona, Bologna oder von Frankfurt über Basel, Gotthard-Tunnel, Chiasso, Mailand, Bologna. Die Benutzung der österreichischen, Schweizer und italienischen Autobahnen ist gebührenpflichtig. Bei Verstößen gegen die Verkehrsregeln werden drastische Bußgelder verlangt – unbedingt beachten!
Mit der Bahn: Direkte Zugverbindungen gibt es u. a. von München und Wien. Aus Nordwestdeutschland umsteigen in Basel oder Mailand.

Info

Roma-Pass

Für 36 € gibt es den dreitägigen **Roma-Pass**, eine Touristen- und Kulturkarte, die vielerlei Preisnachlässe und Serviceleistungen bereithält. Zu den Vergünstigungen gehören der Gratiseintritt zu den ersten beiden besuchten Museen und/oder archäologischen Stätten nach eigener Wahl, ermäßigter Eintritt zu weiteren Museen und/oder archäologischen Stätten, freie Fahrt mit den öffentlichen Transportmitteln der ATAC. Beim Kolosseum gibt es eine Extra-Schleuse nur für die Inhaber des Roma Pass, die so einen direkten Zugang erhalten. Erhältlich unter www.romapass.it, beim Call Center 00 39 06 06 08 sowie bei allen angeschlossenen Museen und Sehenswürdigkeiten.

Fahrplanauskunft und Reservierung für Italien: www.trenitalia.it oder www.bahn.de. Auskunft Deutsche Bahn: Tel. 01805 99 66 33 (gebührenpflichtig), automatische Fahrplanauskunft 0800 1507090 (kostenlos).
Mit dem Flugzeug: Preiswert kommt man etwa mit Easyjet (www.easyjet.com) von vielen deutschen Flughäfen zu den beiden Flughäfen von Rom: Charterflüge landen in Ciampino, 20 km südöstlich von Rom, Linienmaschinen in Fiumicino, 26 km südwestlich der Stadt. Fiumicino ist gut an die Innenstadt angeschlossen: Mit dem Leonardo-Express kommt man alle 30 Min. nonstop (14 €) zum Bahnhof Stazione Termini, mit der Regionalbahn (Sabina-Fiumicino Linie, FR1, 11 €) werktags alle 15 Min., So. u. Fei. alle halbe Stunde über Trastevere und Ostiense bis zur Stazione Tiburtina. Von beiden Flughäfen verkehren Shuttlebusse (4–6 €) etwa im 20-Minuten-Takt in die Stadt.

Auskunft

In Deutschland: Staatliches Italienisches Fremdenverkehrsamt ENIT, Barckhausstr. 10, 60325 Frankfurt, Tel. 069 23 74 34, www.enit-italia.de
In Österreich: Mariahilfer Straße 1/b, 1060 Wien, Tel. 01 505 16 39, www.enit.at
In Rom: Umfassende Informationen bietet: www.turismoroma.it. Es gibt einige tagsüber geöffnete Info-Kioske, zum Beispiel in den Flughäfen und am Bahnhof Termini.

Autofahren

Idealerweise reist man nicht mit dem eigenen Wagen an. Weite Teile der Innenstadt sind tagsüber für Nicht-Anwohner gesperrt. Die Ausgehviertel wie San Lorenzo und Trastevere sind auch nachts gesperrt. Per Videoüberwachung werden diese Zufahrtsverbote kontrolliert. Mit einer Ausnahmegenehmigung kann man zum Entladen des Gepäcks bis zum Hotel fahren.

Botschaften/Konsulate

Deutsche Botschaft: Via S. Martino della Battaglia 4, I-00185 Rom, Tel. 06 49 21 31, www.rom.diplo.de
Deutsche Botschaft beim Heiligen Stuhl: Via di Villa Sacchetti 4, I-00197 Rom, Tel. 06 80 95 11, www.vatikan.diplo.de
Österreichische Botschaft: Via Pergolesi 3, I-00198 Rom, Tel. 06 841 82 12, www.bmeia.gv.at/rom
Schweizer Botschaft und Konsulat: Via Barnaba Oriani 61, I-00197 Rom, Tel. 06 80 95 71, www.eda.admin.ch/roma

Essen und Trinken

Gegessen wird morgens wenig bis nichts, mittags leicht, abends spät. Aus der späten Kost erklärt sich auch das in der Regel eher mickrige Frühstück im Hotel. Mittags isst der Römer meist nur ein Sandwich, ein Tramezzino, oder auch mal ein Stück Pizza auf die Hand. Abends muss dann aber Zeit sein für ein mehrgängiges Mahl. Wein trinkt man im Unterschied zu deutschen Gepflogenheiten nur zum Essen. Danach sitzen zu bleiben, in froher Runde eine weitere Flasche Wein zu bestellen, ist in Italien unüblich. Nach Grappa und Café ist Schluss. Letzterer ist kaum mehr als eine schwarze Pfütze in

Marktstand an der Via del Corso: alles frisch!

einer kleinen Tasse, ein Espresso also. Einen Cappuccino trinken die Römer nur am Morgen in der Bar, wo die meisten frühstücken.

Feiertage

Das katholische Italien kennt viele Feiertage. Am 1. Jan. (Neujahr), 6. Jan. (Dreikönigstag), Ostermontag, 25. April (Tag der Befreiung vom Faschismus), 1. Mai (Tag der Arbeit), 15. Aug. (Mariä Himmelfahrt), 1. Nov. (Allerheiligen), 8. Dez. (Unbefleckte Empfängnis), 25. und 26. Dez. (Weihnachten) sind Geschäfte und eventuell auch Museen geschlossen. Am 21. April (Roms Geburtstag) und 29. Juni (Fest der Stadtpatrone Petrus und Paulus) können auch Postämter und Büros der Stadtverwaltung geschlossen sein.

Gesundheit

Alle Krankenhäuser Roms verfügen über die Erste-Hilfe-Station **Pronto Soccorso**, in der man kostenlos versorgt wird. Für akute Notfälle von Kindern wendet man sich an das Pronto Soccorso des **Ospedale Bambino Gesù**, Piazza S. Onofrio 4, www.ospedalebambinogesu.it. Ärzte und Krankenhäuser der örtlichen Gesundheitsbehörden (ASL) akzeptieren die **Europäische Gesundheitskarte** – EHIC (European Health Insurance Card) und rechnen direkt mit der deutschen Krankenkasse ab. Die Deutsche Botschaft vermittelt Adressen deutsch sprechender Ärzte (www.deutsche-im-ausland.org). Dr. Joachim Hübler, Corso Vittorio Emanuele II 266, Tel. 06 68 30 90 30, ist ein deutsch sprechender **Zahnarzt**.

Hotels

Unterkunftsempfehlungen stehen im Info-Teil der jeweiligen Kapitel. www.venere.com/italy/rome empfiehlt sich für die Suche im Internet. In der Nebensaison bezahlt man deutlich weniger – in Rom sind das die Sommermonate Juli und August. Günstige Hotels findet man in Bahnhofsnähe; durchaus keine verrufene Gegend und zudem zentral. Bed & Breakfast ist in Rom noch nicht so verbreitet, dafür entstehen immer mehr Hostels für das jüngere Publikum.

Info

Geschichte

753 v.Chr.: Legendäre Stadtgründung durch Romulus und Remus.
7.–6. Jh. v.Chr.: Zeit der etruskischen Könige.
5.–4. Jh. v. Chr.: Nach heftigen Ständekämpfen erfolgt Ausbau der Republik mit Verfassung und Verwaltungsstruktur.
2. Jh. v.Chr.: Rom erringt die Vorherrschaft im Mittelmeerraum.
133–30 v.Chr.: Revolutionen, Restaurationen, Triumvirate und Militärdiktaturen zerstören die Republik.
27 v. Chr.–14 n.Chr.: Friedensstiftende Alleinherrschaft (Prinzipat) von Augustus und Aufbau des römischen Imperiums mit Rom als glanzvoller Kaiserresidenz.
64: Ein Großbrand verwüstet die Stadt, möglicherweise mit Billigung Kaiser Neros.
98–117: Unter Trajan erlangt das Imperium Romanum seine größte Ausdehnung.
117–138: Kaiser Hadrian festigt die Grenzen.
235–285: Während der Reichskrise regieren 22 „Soldatenkaiser"; es kommt zu Christenverfolgungen; die Stadt wird befestigt.
293: Diokletian errichtet die Tetrarchie (Viererherrschaft) und reformiert die Verwaltung.
4. Jh.: Unter Kaiser Konstantin Duldung des Christentums und allmählicher Aufstieg zur Staatsreligion. Teilung in Ost- und Westreich.
476: Untergang des Weströmischen Reiches. In Rom regiert der Papst als Stadtherr.
493–753: Niedergang Roms während der Ostgoten- und Langobardenherrschaft. Die Bevölkerungszahl der Stadt sinkt von mehr als 1 Mio. Menschen auf nur noch 30 000.
756: Frankenkönig Pippin besiegt die Langobarden und schenkt dem Papst die befreiten Landesteile.
800: Karl der Große wird römischer Kaiser.
9.–13. Jh.: Machtkämpfe zwischen Kaiser und Papst.
1309–1417: Exil der Päpste in Avignon.
16.–18. Jh.: Römische Adelsfamilien stellen die Päpste und statten die Tibermetropole mit Prunkpalästen und Kirchen aus.
1798–1815: Französische Truppen besetzen den Kirchenstaat, der 1809 Teil des napoleonischen Kaiserreiches wird. 1815 kehrt der Papst als Souverän zurück.
1870: Rom wird Hauptstadt des vereinigten Königreiches Italien.
1929: Die Lateranverträge sichern dem Vatikanstaat ein souveränes Hoheitsgebiet.
1944: Die faschistische Diktatur endet mit der Befreiung Roms durch die Alliierten.
1946: Per Volksentscheid wird die Italienische Republik ausgerufen.
1957: Gründung der EWG (heute EU) durch die Römischen Verträge.
1968: Feier des ersten Weltfriedenstages.
1978: Wahl von Papst Johannes Paul II.
1984: Laut Konkordat ist der römisch-katholische Glaube nicht mehr Staatsreligion.
2000: Rom empfängt im Heiligen Jahr über 25 Mio. Pilger.
2001: Neuer Bürgermeister wird Walter Veltroni vom linksorientierten Parteienbündnis Ulivo.
2002: Eröffnung von Renzo Pianos Auditorium „Santa Cecilia" im neuen Parco della Musica.
2005: Knapp 4 Mio. Gläubige trauern in Rom um Papst Johannes Paul II.; Benedikt XVI. wird zu seinem Nachfolger gewählt.
2006: Gründung eines neuen jährlichen Filmfestivals am Tiber: Festa del Cinema.
2008: In der 62. Nachkriegsregierung wird Silvio Berlusconi Ministerpräsident. Der Postfaschist Gianni Alemanno wird mit 53,7 % der Stimmen Bürgermeister Roms.
2010: Im Mai öffnet Zaha Hadids MAXXI-Museum. Im Juli kommt es zum Bruch zwischen den einstigen Verbündeten Silvio Berlusconi und Gianfranco Fini.
2011: Rom führt eine Bettensteuer für Touristen ein – bis zu 7 € pro Nacht.
2013: Papst Benedikt XVI. tritt zurück, als Nachfolger wird der Argentinier Jorge Mario Bergoglio gewählt, er gibt sich den Namen Franziskus. Ignazio Marino von der im Mitte-links-Spektrum der italienischen Parteienlandschaft verorteten Partito Democratico (PD) wird mit 63,9 % der Stimmen neuer Bürgermeister.
2014: Im Februar wird der erst 39 Jahre alte Matteo Renzi (PD) Ministerpräsident Italiens.
2015: Rom rüstet sich für das außerordentliche Heilige Jahr 2016. Um den Ansturm der Gläubigen zu bewältigen, sollen 1,5 Milliarden Euro in eine verbesserte Infrastruktur gesteckt werden.

Unterwegs in Rom: mit Blick über den Fluss auf die Engelsburg (ganz oben), in der Via Sistina (rechts). Und zwischendurch darf man sich auch mal was Süßes gönnen.

Info

Daten und Fakten

Einwohner: In Rom, dem Hauptort der gleichnamigen Provinz und der italienischen Region Latium, leben heute offiziell knapp 2,8 Mio. Menschen; die tatsächliche Einwohnerzahl der Stadt dürfte aber einiges über drei Millionen betragen. Rechnet man Latium und die Campagna Romana hinzu, zählt der Ballungsraum Rom rund 5,3 Mio. Einwohner. Während in den letzten Jahren der Zuzug im teuren Innenstadtbereich rückläufig ist, haben in den Vororten Hunderttausende aus dem Süden Italiens, aus Osteuropa, Afrika und Asien eine neue Heimat gefunden.
Bildung: Roms Universität La Sapienza ist mit knapp 150 000 eingeschriebenen Studenten die größte Uni Europas.
Religion: Im Bistum Rom leben rund 2,5 Mio. Katholiken. Dem Islam gehören etwa 70 000 Gläubige an, etwa 20 000 Protestanten leben in der Stadt, etwa 16000 Juden.
Stadtgebiet: Knapp 1285 km² umfasst die Gemeindefläche der in alle Himmelsrichtungen expandierenden Metropole. Auf das historische Zentrum innerhalb der Aurelianischen Stadtmauer entfallen ca. 140 km². Sozial, politisch und historisch lebt man in Italiens Hauptstadt getrennt: Für die Bewohner der 22 „Rioni" – der traditionellen Viertel innerhalb der Aurelianischen Stadtmauer – gelten nur sie selbst als echte Römer. Außerhalb liegen die 18 „Quartieri", die neuen Stadtteile, sowie elf Vororte („Borgate") – ihre Grenzen sind aber fließend. Innerhalb Roms ist auch der mit 0,44 km² Fläche kleinste Staat der Welt zu finden: die Vatikanstadt, mit dem Papst als Souverän, der zugleich Oberhaupt der katholischen Kirche ist.
Verwaltung: Die Comune di Roma wird vom Kapitol aus verwaltet, dem Sitz des Bürgermeisters (Sindaco). Der Magistrat (Giunta Municipale) hat 14, der Stadtrat (Consiglio Comunale) 80 Mitglieder. Alle fünf Jahre finden Kommunalwahlen statt.
Wirtschaft: Da sich ein großer Teil der italienischen Wirtschaft im Besitz des Staates befindet, spielt die Hauptstadt als Verwaltungszentrum dieser Staatsbetriebe eine gewichtige nationale Rolle. Mehr als 80 % der römischen Erwerbstätigen arbeiten in der Gastronomie, in Hotels, im Tourismus, den Medien, bei Banken, Versicherungen und in der Modebranche.

Preiskategorien

€€€€	Doppelzimmer	über 200 €
€€€	Doppelzimmer	150–200 €
€€	Doppelzimmer	100–150 €
€	Doppelzimmer	50–100 €

Eine gute Auswahl davon bietet: www.german.hostelworld.com. In Rom wird eine deftige Übernachtungssteuer berechnet. Sie ist vor Ort direkt im Hotel zu bezahlen. In Hotels mit einem oder zwei Sternen werden 3 Euro pro Person und Nacht, bei 3 Sternen 4, bei 4 Sternen 6 und bei Fünf-Sterne-Hotels sogar 7 Euro verlangt. Nur Kinder unter zwei Jahren sind davon befreit. Pro Jahr kommen etwa zwölf Millionen Menschen nach Rom – mit der Steuer soll die Infrastruktur der Stadt verbessert werden.

„Mafiafreies Einkaufen"

„Mafiafreie Nudeln", „camorrafreies Olivenöl", „n'dranghetafreie Tomaten" – was für Deutsche seltsam klingt, bedeutet für Italiener einen großen Schritt in eine bessere Zukunft. Die Vereinigung „Libera Terra" vermarktet Produkte, die auf Gütern produziert wurden, die früher Mitgliedern des organisierten Verbrechens gehörten. Diese hat man enteignet und an Kooperativen übergeben. Auch manche Supermärkte führen diese Produkte, und im Palazzo Incontro (Via dei Prefetti 23, Mo.–Sa. 10.00–13.30, 15.30–19.30 Uhr, im Aug. geschl.) gibt es die „Bottega dei sapori e dei saperi della Legalità Pio La Torre", eine dem ermordeten Politiker La Torre gewidmete Weinhandlung.

Notruf

Der Notruf ist gebührenfrei: Tel. 113 (mit dem Handy 112).
Polizei: 113
Erste Hilfe: 118
Feuerwehr: 115
Pannendienst: 116
ADAC-Notruf: Tel. 0049 (0)89 22 22 22
ACI (Automobil Club): Tel. 80 31 16

Öffentlicher Nahverkehr

Entgegen aller Unkenrufe – so schlecht sind Roms öffentliche Verkehrsmittel gar nicht. Es empfiehlt sich, einen Stadtplan mit den Bus- und U-Bahnlinien zu kaufen, **Roma-Metrobus** genannt. An den Bushaltestellen sind elektronische Anzeigetafeln in Betrieb, sie geben an, wann die nächsten Busse ankommen. Die **U-Bahn** (Metropolitana) ist die schnellste Fortbewegungsmöglichkeit. Mittlerweile gibt es drei Linien, von denen sich zwei am Hauptbahnhof Stazione Termini kreuzen. Für alle Verkehrsmittel gelten dieselben Fahrkarten. Auskunft im Internet: www.atac.roma.it (auch auf Englisch).

Öffnungszeiten

Die Öffnungszeiten differieren stark. Banken haben im Allgemeinen Mo.–Fr. 8.30–13.30 und nachmittags eine Stunde, 15.00–16.00 oder 16.00–17.00 Uhr geöffnet. Geschäfte öffnen meist Mo.–Fr. 8.30–12.30 und 15.30–19.30 sowie Sa. 9.00–22.00 Uhr. Lebensmittelläden öffnen auch So. vormittags, Restaurants schließen meist nachmittags. Postämter haben Mo.–Fr. 8.00 bis 19.00, Sa. bis 13.00 Uhr geöffnet (www. poste.it).

Post

Wer zusammen mit den Postkarten gleich auch die Briefmarken *(francobolli)* erwerben will, hat oft Pech – nur wenige Postkartenläden verkaufen welche und dann auch nur so viele, wie man Karten gekauft hat. Briefmarken gibt's sonst bei der Post oder in den Tabakläden *(tabacchi)*.

Rad fahren

Rad fahren in Rom ist etwas für Hartgesottene. Die Innenstadt ist eng, das Kopfsteinpflaster anstrengend. Als Verkehrsmittel benutzen es die Römer kaum. Es gibt ein Bike-Sharing-Programm, die Räder stehen aber nur in Rom gemeldeten Einwohnern zur Verfügung. Nett ist das Radfahren allerdings am Sonntag, wenn Teile der Innenstadt und die Via Appia für den Verkehr gesperrt sind. Mieträder gibt es z. B. bei Bici&Baci, Via del Viminale 5 (nahe Stazione Termini), Tel. 06 482 84 43, www.bicibaci.com, und über Valerio Caffio bei Dearoma, Via dei Balestrari 36, (Campo de'Fiori) Roma, Tel. 33 81 31 63 31 oder 06 79 64 966, www.dearoma.it.

Rauchen

Rauchen ist in Italien in allen öffentlichen Räumen untersagt, also auch in Restaurants, Bars, Diskotheken etc., die keine gesonderten Raucherzimmer eingerichtet haben. Gäste, die gegen die Vorschriften verstoßen, müssen mit Geldstrafen von bis zu 250 € rechnen. Da auch die Wirte Strafe zahlen müssen, achten sie streng auf die Einhaltung des Rauchverbots.

Restaurants

Restaurantempfehlungen stehen im Info-Teil der jeweiligen Kapitel. Essengehen ist in Italien relativ teuer. Am günstigsten sind Pizzerien; Trattorien bereiten einfache Gerichte auf besserem Niveau und sind entsprechend teurer. Am teuersten, meist auch am besten, isst man in den Ristoranti. Je teurer ein Restaurant, desto dringender sollte man Plätze reservieren. Die Restaurantküchen servieren meist von 12.00 bis 15.00 und 19.00 bis 23.00 Uhr warmes Essen, im Hochsommer abends länger. *Pane e coperto* bedeutet „Brot und Gedeck". Dieses kostet zwischen einem und vier Euro und wird grundsätzlich berechnet. In Italien ist es unüblich, sich in einem Restaurant einfach an einen freien Tisch zu setzen oder gar sich zu anderen dazuzusetzen: Man wartet auf einen Kellner, der einem seinen Platz zeigt.

Preiskategorien

€€€€	Hauptspeisen	über 20	€
€€€	Hauptspeisen	15–20	€
€€	Hauptspeisen	10–15	€
€	Hauptspeisen	5–10	€

Taxi

Die Tarife entsprechen etwa denen deutscher Großstädte. Die Grundgebühr beträgt 3 €, am Sonntag 4,50 € und für Nachtfahrten (22.00 bis 6.00 Uhr) 6,50 €. Die legalen Taxis sind gelb oder weiß und haben einen Gebührenzähler. Zentrale Rufnummer: Tel. 06 06 09.

Trinkgeld

Wenn das Essen gut war und der Service zuvorkommend, sind Italiener großzügig, Allerdings wird das Trinkgeld nicht aufgerundet, das deutsche „Stimmt so" wird meist nicht verstanden. Man lässt sich das Wechselgeld komplett zurückbringen und dann einen entsprechenden Betrag am Tisch liegen. Ein zehnprozentiger Zuschlag auf die Gesamtrechnung ist eine gute Möglichkeit, sich erkenntlich zu zeigen.

Scontrino

Laut Gesetz ist nicht nur der Verkäufer (oder der Kellner) verpflichtet, dem Kunden den „scontrino" – den Kassenbon – auszuhändigen, auch der Kunde muss beim Verlassen eines Geschäftes, in dem er etwas eingekauft hat, den entsprechenden Bon bei sich zu haben. Anderenfalls drohen Bußgelder.

Shopping

Souvenirs: Das Kolosseum in Gips, Handtaschen mit der Aufschrift „Ciao Bella", Flip-Flops in den Farben der Tricolore, Fußball-Trikots der italienischen Nationalmannschaft, Kalender mit den Gatti di Roma, den Katzen Roms – witzige Mitbringsel, oft made in China, findet man an allen Straßenecken, vor allem in der Nähe der wichtigsten Sehenswürdigkeiten. Wer mehr Geld ausgeben kann oder möchte, der wird in den Boutiquen italienischer Designer sicher fündig. Immer gern genommen: Lebensmittel. Nudeln, Espresso, Pastasaucen, Olivenöl, Wein, Grappa – in den Supermärkten und auf den Wochenmärkten ist die Auswahl wesentlich größer als jeder Koffer, den Sie auf Ihrer Reise dabeihaben könnten.
Kleidung: Richtig billig ist es auf den Märkten, auf denen aber auch viel Ramsch angeboten wird. In den Boutiquen beginnt der Sommerschlussverkauf Anfang Juli, dann wird auch in den teureren Läden alles zum halben Preis verkauft. Vorsicht empfiehlt sich jedoch bei gefälschter Markenware, die auf Märkten und von Straßenhändlern angeboten wird. Für den Handel damit – das gilt also auch für den Kauf – werden Geldstrafen verhängt!

Sport

Laufen: Für Läuferinnen und Läufer stehen in Rom genügend große Parks zur Auswahl. Beliebt ist die Villa Borghese, noch viel schöner die Villa Pamphili. Wer in der Nähe wohnt, der sollte mal morgens die Laufschuhe schnüren – man wird seine Runden nicht alleine drehen.

Im selben Shop geshopped? Päuschen vor einem Café an der Piazza Barberini.

Golf: Sieben Golfplätze gibt es in Rom und im Umkreis von 20 km. Der Circolo del Golf di Roma Acquasanta ist der älteste Golfplatz Italiens, gegründet von Engländern 1903.
Fitness: Alle großen Hotels haben Fitness-Studios (gegen Aufpreis auch für Externe).

Sprache

In großen Hotels und besseren Lokalen wird man meist jemanden finden, der Englisch oder vielleicht sogar Deutsch spricht.

Telefon

Nach Italien: 0039 + Rufnummer; die Null in der Ortsvorwahl wird mitgewählt. Wer innerhalb Italiens telefoniert, muss die Vorwahl mitwählen, sie ist fester Bestandteil der Telefonnummer.
Von Italien in die Schweiz: 0041 + Vorwahl ohne 0 + Rufnummer;
nach Deutschland: 0049 + Vorwahl ohne 0 + Rufnummer;
nach Österreich: 0043 + Vorwahl ohne 0 + Rufnummer.
Mobiltelefone: (ital. *cellulare* oder *telefonino*) der gängigen Netze funktionieren über Roaming in Italien problemlos. Italienische Mobilfunknummern beginnen oft mit 335 oder 338…; davor wird keine Null gewählt, weder aus dem Ausland noch innerhalb Italiens.
Wer viel in Italien unterwegs ist, kann sich fürs Handy einen Prepaid-Chip der italienischen TIM kaufen, das kommt günstiger.
Auch in Italien gibt es nur noch wenige Telefonzellen, die mit Münzen funktionieren. Von den meisten Telefonzellen aus kann man mit einer Telefonkarte *(carta telefonica)* telefonieren. Diese sind erhältlich bei Bars, Tabakgeschäften, Postämtern und Zeitungskiosken.

Verhalten in Kirchen

Trägertop, kurzer Rock und bei Männern kurze Hose sind keine angemessenen Kleidungsstücke in Kirchen.

Zollbestimmungen

In der EU wird bei ein- oder ausgeführten Waren für den Eigenbedarf kein Zoll mehr erhoben. Man kann also bis zu 800 Zigaretten, 200 Zigarren, 90 l Wein und 10 l Spirituosen mit sich führen. Schweizer dürfen zollfrei 200 Zigaretten, 1 l Spirituosen und 2 l Wein mitnehmen. Für Waren aus einem Nicht-EU-Land oder aus einem Duty-free-Shop gelten geringere Mengen.

Info

Wetterdaten

	TAGES-TEMP. MAX.	TAGES-TEMP. MIN.	WASSER-TEMP.	TAGE MIT NIEDER-SCHLAG	SONNEN-STUNDEN PRO TAG
Januar	12°	4°	14°	9	4
Februar	14°	5°	13°	8	5
März	16°	7°	13°	9	5
April	19°	3°	14°	8	7
Mai	24°	10°	17°	6	9
Juni	28°	17°	21°	4	10
Juli	31°	20°	23°	2	11
August	31°	20°	24°	3	10
September	28°	17°	23°	5	8
Oktober	23°	13°	20°	7	6
November	17°	9°	18°	10	4
Dezember	13°	5°	15°	10	4

Der Palazzo del Quirinale, die einstige Sommerresidenz von Papst Gregor XIII., ist heute Sitz des italienischen Staatsoberhauptes.

Register

Fette Ziffern verweisen auf Abbildungen

A
Ara Pacis Augustae **30/31**, 40
Auditorium Parco della Musica **85**, 87, 117
Aurelianische Stadtmauer 100, **104/105**, 111, 118
Aventin 105, **111**, 111

B/C
Bocca della Verità 55, **116**
Calixtus-Katakomben 99, 112
Campo de' Fiori 23, **28**, **29**, 29, 31, 34, 41, 53, 70, 99, 115
Castel Gandolfo 59, **113**, 113
Chiesa di Sant'Agostino 70
Chiesa San Luigi dei Francesi 70
Cestius-Pyramide 100, 105
Cimitero Verano **21**, 93, 101
Cinecittà 77, **107**, 107
Circo Massimo 55

D/E
Domus Aurea 56
Engelsburg 36, 60, 70, 114, **118**
Esquilin 56, 66, 80, **82**, **83**
Ex Mattatoio di Testaccio 92, 100

F/G
Fontana della Barcaccia **8/9**, 40
Fori Imperiali 56
Forum Romanum **44**, 45, 55, 56
Galleria Alberto Sordi **36**
Galleria Nazionale d'Arte Antica 70, 99
Galleria Nazionale d'Arte Moderna **31**, 86
Gianicolo **20**, 71, 105
Große Synagoge 40

K/L
Kapitol (Campidoglio) 41, 51, 55, 56, 57, 74, **81**, **116**, 118
Kapitolinische Museen **46**, **49**, 56, 100
Kolosseum **41**, 47, **50**, **51**, **55**, 55, **96**, **97**, 107, 112, 116
Konstantinsbogen **55**, 56
Largo Febo **24**, 71, 115
Lido di Ostia 97, **102/103**, **108**, **109**, 109, **112**, 113

M
Maxentiusvilla 112
Monte Testaccio **92**, 100, 111
Museo Centrale Montemartini **100**, 100
Museo e Galleria Borghese 70, 86
Museo Giorgio de Chirico **30**, 40
Museo nazionale delle Arti del XXI secolo (MAXXI) **14/15**, 51, **72/73**, **78**, **79**, 79, 87, 117
Museo Nazionale Romano 39, 55, **75**, **85**, 85

N/O
Nationaldenkmal für Viktor Emanuel II. **49**, 56
Ostia Antica 106, 109, **112**, 113

P
Palatin **45**, 49, 55, 111
Palazzo Senatorio 56
Palazzo della Civiltà del Lavoro **107**, 112
Palazzo Massimo alle Terme **75**, 85
Pantheon **32**, 39, 95
Peterskirche 57, **58/59**, **60**, **61**, **62**, 63, 63, **64**, 69, **69**, **70**, 70, 114
Petersplatz 59, **61**, 61, **63**, **69**, 69
Piazza del Campidoglio **46**, **47**, 56
Piazza del Popolo 20, 29, 40, **76**, **77**, 87, 115
Piazza della Repubblica **74**, 75, 85, 86
Piazza della Rotonda **33**, 39, 95
Piazza di San Apollinare 39
Piazza di Spagna **8/9**, **26/27**, **27**, 34, 40, 86
Piazza Immacolata **95**
Piazza Mattei **32**
Piazza Navona **22/23**, 23, **24**, 25, 27, **39**, 39, 41, 115
Piazza Testaccio **93**
Piazza Venezia 40, 49
Piazza Vittorio Emanuele II 56, 82
Pigneto 36, 89, 93, **94**, 95, 99, **100**, 101
Porta San Sebastiano 105, 111
Protestantischer Friedhof **93**, 100

Q/R/S
Quirinal 48, 56, 86, **120**
Roma Termini 75, 85, 118, 119
San Giovanni in Laterano **48**, 55–57
San Pietro in Montorio 99
San Pietro in Vincoli 56
Sant'Andrea delle Fratte 70
Santa Maria dei Miracoli **76**
Santa Maria in Montesanto **76**
Santa Maria in Palmis 107, 112
Santa Maria in Trastevere **99**, 99
Santa Maria Maggiore **56**, 56
Santa Pudenziana **57**
Santi Ambrogio e Carlo 26
Santi Luca e Martina **42/43**
Santissima Trinità dei Monti **8/9**, **26**, 40
Scala Santa 51
Spanische Treppe **8/9**, **26/27**, **40**, 40, 114
Stanzen **64**, 70

T
Tempel der Vesta **44**
Tempel des Castor und des Pollux **44**, 51
Tempel des Saturn **42/43**
Tempel des Vespasian **42/43**
Terme di Caracalla **56**, 55, 57
Testaccio 89, 91, **92**, **93**, 99, **100**, 100, 111
Tiber **18/19**, **40**, 40, **41**, 41
Tiberinsel **40**, 40, **41**, 41
Tomba di Cecilia Metella 55, 107, **111**, 112
Trajansforum **48**, 49, 56
Trajansmärkte 48, 56
Trastevere 12/13, 20, 71, **88/89**, **90**, 91, 91, **99**, 99, 100, 105, 114, 116
Trevibrunnen 40, **74**, 75, 77, 86

V
Vatikan 21, 51, **58–71**, 58–71, 113
Via Appia Antica **20**, 103, **104**, 109, **111**, 111, 112
Via dei Condotti **26**, **35**, 36, 37
Via dei Fori Imperiali 55, 56, **97**
Via del Corso **36**, 36, 40, 49, **76**, 87, **117**
Via del Pigneto **94**, 95, 101
Via della Pace **10/11**, 39
Via Flaminia 87
Via Nazionale 75, 85
Via Principe Amadeo **80**, **82**, 85
Via Sacra **44**
Via della Scala **88/89**, **90**, 100
Via Veneto 35, 77, 79, 86, 86
Vierströmebrunnen 24, 39
Villa Ada 20
Villa Borghese 20, 73, 75, 77, **86**, 86, 114, 119
Villa Farnesina **99**, 99
Villa Medici **76**, 86

Impressum

4. Auflage 2016

Verlag: DuMont Reiseverlag, Postfach 3151, 73751 Ostfildern, Tel. 0711/4502-0, Fax 0711/4502-135, www.dumontreise.de
Geschäftsführer: Dr. Thomas Brinkmann, Dr. Stephanie Mair-Huydts
Programmleitung: Birgit Borowski
Redaktion: Robert Fischer (www.vrb-muenchen.de)
Text: Barbara Schaefer
Exklusiv-Fotografie: Frank Heuer
Titelbild: laif/Dorothea Schmid (im Musei Capitolini)
Zusätzliches Bildmaterial: S. 18/19 mauritius images / Ingo Boelter, 20 r. huber-images.de / Serrano Anna, 21 r.o. Frank Heuer, 21 r.u. Barbara Schaefer, 66 l. Cecilia Kilimann, 66 r. Giolitti, 67 r.o. Fatamorgana, 67 l.u. Barbara Schaefer, 67 r.u. Cecilia Kilimann, 85 r.u. Frank Heuer, 99 u. huber-images.de / Vaccarella Luigi, 100 l.o. Frank Heuer, 111 l.o. Frank Heuer, 112 r.o. Frank Heuer, 114 l. G-Rough Luxury Suites, 114 r. Art Hotel, 115 l.o. age fotostock / Look-foto, 115 r.o. Aldrovandi Villa Borghese, 115 l.u. G-Rough Luxury Suites, 115 r.u. Frank Heuer
Grafische Konzeption, Art Direktion: fpm factor product münchen
Cover Gestaltung: Neue Gestaltung, Berlin
Layout: Stephanie Hugel
Kartografie: © MAIRDUMONT GmbH & Co. KG, Ostfildern
Kartografie Lawall (Karten für „Unsere Favoriten")
DuMont Bildarchiv: Marco-Polo-Straße 1, 73760 Ostfildern, Tel. 0711/4502-266, Fax 0711/4502-1006, bildarchiv@mairdumont.com

Anzeigenvermarktung: MAIRDUMONT MEDIA, Tel. 0711 450 23 33, Fax 0711 45 02 10 12, media@mairdumont.com, http://media.mairdumont.com
Vertrieb Zeitschriftenhandel: PARTNER Medienservices GmbH, Postfach 810420, 70521 Stuttgart, Tel. 0711 72 52-212, Fax 0711 72 52-320
Vertrieb Abonnement: Leserservice DuMont Bildatlas, Zenit Pressevertrieb GmbH, Postfach 810640, 70523 Stuttgart, Tel. 0711/7252-265, Fax 0711/7252-333, dumontreise@zenit-presse.de
Vertrieb Buchhandel und Einzelhefte: MAIRDUMONT GmbH & Co. KG, Marco-Polo-Straße 1, 73760 Ostfildern, Tel. 0711 45 02 0, Fax 0711 45 02 340
Reproduktionen: PPP Pre Print Partner GmbH & Co. KG, Köln
Druck und buchbinderische Verarbeitung: NEEF + STUMME premium printing GmbH & Co. KG, Wittingen, Printed in Germany

FSC
www.fsc.org
MIX
Papier aus verantwortungsvollen Quellen
FSC® C001857

Lieferbare Ausgaben

Hamburgs Herz pocht an Elbe und Alster.

Die Kanaren sind vom Klima begünstigt – beste Voraussetzung für herrliche Strandtage.

Hamburg

Deutschlands Tor zur Welt
Der Hafen ist das Aushängeschild der Hansestadt, aber Hamburg hat natürlich noch weit mehr zu bieten, wir präsentieren alle Highlights.

Urbane Visionen
Aus alten Hafenvierteln werden trendige Stadtteile. Erleben Sie das „neue" Hamburg.

Shopping hanseatisch
Hamburger Trend-Labels und Traditionshäuser, hier kaufen Sie zwar nicht günstig, aber gut!

Teneriffa
La Palma · La Gomera · El Hierro

Paradiesische Inseln
Sie wissen noch nicht wohin? Wir stellen Ihnen die Westkanaren ausführlich in Bild und Wort vor.

Exklusiv wohnen
Warum sich nicht mal etwas Besonderes gönnen, die besten Adressen auf Teneriffa und den kleinen Kanareninseln.

Wandern mit Aussicht
Unsere Favoriten – die neun erlebnisreichsten Wanderungen auf den Kanaren.

www.dumontreise.de

DEUTSCHLAND
119 Allgäu
092 Altmühltal
105 Bayerischer Wald
120 Berlin
162 Bodensee
121 Brandenburg
175 Chiemgau, Berchtesg. Land
013 Dresden, Sächs. Schweiz
152 Eifel, Aachen
157 Elbe und Weser, Bremen
125 Erzgebirge, Vogtland
168 Franken
020 Frankfurt, Rhein-Main
059 Fränkische Schweiz
112 Freiburg, Basel, Colmar
028 Hamburg
026 Hannover zw. Harz u. Heide
042 Harz
062 Hunsrück, Naheland, Rheinhessen
023 Leipzig, Halle, Magdeburg
131 Lüneburger Heide, Wendland
133 Mecklenburgische Seen
038 Mecklenburg-Vorpommern
033 Mosel
114 München
047 Münsterland
015 Nordseeküste Schleswig-Holstein
006 Oberbayern
161 Odenwald, Heidelberg
035 Osnabrücker Land, Emsland
002 Ostfriesland, Oldenb. Land
164 Ostseeküste Mecklenburg-Vorpommern
154 Ostseeküste Schleswig-Holstein
136 Pfalz
040 Rhein zw. Köln und Mainz
079 Rhön
116 Rügen, Usedom, Hiddensee
137 Ruhrgebiet
149 Saarland
080 Sachsen
081 Sachsen-Anhalt
117 Sauerland, Siegerland
159 Schwarzwald Norden
045 Schwarzwald Süden
018 Spreewald, Lausitz
008 Stuttgart, Schwäbische Alb
141 Sylt, Amrum, Föhr
142 Teutoburger Wald
170 Thüringen
037 Weserbergland
173 Wiesbaden, Rheingau

BENELUX
156 Amsterdam
011 Flandern, Brüssel
070 Niederlande

FRANKREICH
055 Bretagne
021 Côte d'Azur
032 Elsass
009 Frankreich Süden Languedoc-Roussillon
019 Korsika
071 Normandie
001 Paris
115 Provence

GROSSBRITANNIEN/IRLAND
063 Irland
130 London
138 Schottland
030 Südengland

ITALIEN/MALTA/KROATIEN
017 Gardasee, Trentino
110 Golf von Neapel, Kampanien
163 Istrien, Kvarner Bucht
128 Italien, Norden
005 Kroatische Adriaküste
167 Malta
155 Oberitalienische Seen
158 Piemont, Turin
014 Rom
165 Sardinien
003 Sizilien
140 Südtirol
039 Toskana
091 Venedig, Venetien

GRIECHENLAND/ZYPERN/TÜRKEI
034 Istanbul
016 Kreta
176 Türkische Südküste, Antalya
148 Zypern

MITTEL- UND OSTEUROPA
104 Baltikum
122 Bulgarien
094 Danzig, Ostsee, Masuren
169 Krakau, Breslau, Polen Süden
044 Prag
085 St. Petersburg
145 Tschechien
146 Ungarn

ÖSTERREICH/SCHWEIZ
129 Kärnten
004 Salzburger Land
139 Schweiz
144 Tirol
147 Wien

SPANIEN/PORTUGAL
043 Algarve
093 Andalusien
150 Barcelona
108 Costa Brava
025 Gran Canaria, Fuerteventura, Lanzarote
172 Kanarische Inseln
124 Madeira
174 Mallorca
007 Spanien Norden, Jakobsweg
118 Teneriffa, La Palma, La Gomera , El Hierro

SKANDINAVIEN/NORDEUROPA
166 Dänemark
153 Hurtigruten
029 Island
099 Norwegen Norden
072 Norwegen Süden
151 Schweden Süden, Stockholm

LÄNDERÜBERGREIFENDE BÄNDE
123 Donau – Von der Quelle bis zur Mündung
112 Freiburg, Basel, Colmar

AUSSEREUROPÄISCHE ZIELE
010 Ägypten
053 Australien Osten, Sydney
109 Australien Süden, Westen
107 China
024 Dubai, Abu Dhabi, VAE
160 Florida
036 Indien
027 Israel
111 Kalifornien
031 Kanada Osten
064 Kanada Westen
171 Kuba
022 Namibia
068 Neuseeland
041 New York
048 Südafrika
012 Thailand
046 Vietnam